MARIA INOUE-KRÄTZLER | HARTMUT VOIGT

Nürnbergs

Verschwundene Orte

ÜBERRASCHENDE GESCHICHTEN AUS
DER STADT AN DER PEGNITZ

NÜRNBERGER
Nachrichten

Inoue-Krätzler, Maria; Voigt, Hartmut
Nürnbergs Verschwundene Orte –Überraschende Geschichten aus
der Stadt an der Pegnitz
VERLAG NÜRNBERGER PRESSE in Kooperation mit:
Bast Medien GmbH, St. Ulrich-Str. 11, 88662 Überlingen
(verantwortlich)
1. Auflage 2022
ISBN: 978-3-946581-86-4

Copyright: Bast Medien GmbH
Lektorat: Lena Bast
Covergestaltung: Melanie Kunze
Layout: Melanie Kunze
Satz: Melanie Kunze
Druck: Mohn Media Mohndruck GmbH, Gütersloh

Von den Machern der preisgekrönten Reihe „Geheimnisse der Heimat"

Vorwort

iebe Leserinnen und Leser,
durch Städte spazieren: Das finde ich immer wieder höchst spannend. Buchstäblich auf Schritt und Tritt stößt man da auf Spuren der Vergangenheit. Und wenn einem dazu noch erklärt wird, was es mit diesen Spuren auf sich hat oder warum sie verschwunden sind – dann werden solche Spaziergänge zu einem lehrreichen Vergnügen.

„Nürnbergs verschwundene Orte": Maria Inoue-Krätzler und Hartmut Voigt kennen viele dieser Orte, und sie nehmen uns mit auf Touren zu diesen Plätzen. Stadtgeschichte wird lebendig. Viele werden Vergessenes wiederentdecken – und sagen: „Ach, genau, da stand doch lange Jahre dieser Kiosk am Plärrer!" Oder, noch jüngere Vergangenheit: das Bowling-Center. Oder das Linde-Stadion …

Oft ist zu hören: Früher war vieles, wenn nicht sogar alles besser. Ich teile diese Sicht nicht. Sehr vieles war früher deutlich schlechter. Die meisten Menschen wohnten jahrhundertelang in miserablen Verhältnissen. In den Städten stank und qualmte es wegen der Handwerks- und Industriebetriebe dort. Da hat sich sehr viel geändert – und in aller Regel zum Besseren.

Doch gerade der Blick in „Nürnbergs verschwundene Orte" zeigt auch schmerzliche Verluste: Viele prächtige Bauten fielen dem Zweiten Weltkrieg und den Luftangriffen auf die Stadt zum Opfer. Oder jener Denkmalstürmerei und Abriss-Welle der 1960er/70er-Jahre, als alles

Alte unter Verdacht stand und die Methode „Kahlschlag" leider das Ende für Bauten bedeutete, die mit dem Blick von heute unbedingt als erhaltenswert eingestuft würden. Denkmalschutz hat da nun zum Glück einen anderen, höheren Stellenwert als vor 50 Jahren.

Denn es wäre schon schön, wenn es einige der verloren gegangenen Bauten heute noch gäbe. Die prachtvolle Hauptsynagoge etwa, die von den Nationalsozialisten in Brand gesetzt und zerstört wurde. Oder die Norishalle, die nur noch wenige kennen und an deren Stelle (nach ihrem Umzug) heute ein Bau aus den 1960er-Jahren steht – in seiner Art wiederum ein Denkmal dieser Zeit. Oder das Toplerhaus mit seinen spannenden Bewohnern. Oder … Sie werden selbst auf viele Bauten stoßen, die leider verschwunden sind.

Andere Orte sind zum Glück nur Gedenkstätten: das Kriegsgefangenenlager oder das KZ-Außenlager erinnern an düstere Zeiten. Es ist wichtig, die Geschichte unserer Städte, die Geschichte Nürnbergs zu kennen – damit es solche Orte nie wieder gibt und damit Erhaltenswertes erhalten bleibt. Die „Verschwundenen Orte" liefern da viele, viele Fakten. Genießen Sie die Lektüre – und Ihre Stadt-Spaziergänge auf den Spuren der Vergangenheit!

Ihr

Alexander Jungkunz
Mitglied der Chefredaktion Nürnberger Nachrichten

Die Autoren

Maria Inoue-Krätzler, Jahrgang 1965, findet ihre Geschichten quasi vor der eigenen Haustür. Bei der Recherche, beispielsweise zu Nürnberger Straßenporträts, entdeckt sie immer neue Facetten der Stadt und trifft auf interessante Menschen. Seit 1986 schreibt sie als freie Journalistin vorwiegend über kulturelle Themen. Nach dem Studium der Neueren deutschen Literaturgeschichte, Kunstgeschichte und der Galloromanischen Philologie hat sie bei der *Nürnberger Zeitung* volontiert.

Hartmut Voigt, 1958 in München geboren, hat an der Münchner Ludwigs-Maximilians-Universität Geschichte und Germanistik studiert. Er war als freier Mitarbeiter beim Bayerischen Rundfunk sowie der Süddeutschen Zeitung tätig. Nach Studienabschluss absolvierte er ein Doppel-Volontariat für Fernsehen und Zeitung beim Ersten Privaten Fernsehen sowie bei der Tageszeitung *Die Rheinpfalz* in Ludwigshafen. Seit 1987 ist Hartmut Voigt Redakteur der *Nürnberger Nachrichten* und hat dabei auch an mehreren Buchprojekten zu Nürnberger Themen mitgewirkt. Er ist beeindruckt von der wechselhaften Geschichte der ehemaligen Reichsstadt. Im Bewusstsein, wie viele Generationen bereits in dieser Stadt gelebt und gearbeitet haben, wird Nürnberg für ihn immer wieder zu einem Ort von Neuentdeckungen. Dies führt dann dazu, die Gegenwart nicht als absolutes Maß aller Dinge zu sehen, sondern ein wenig bescheidener einzuordnen – obwohl es spannend ist, die derzeitigen großen Veränderungen der Stadt mitzuerleben.

Die Postkarte zeigt den schön gestalteten Eingang zum alten Tiergarten am Dutzendteich.

01

Alter Tiergarten

Von Löwengebrüll zu Entengeschnatter

E s war ein festlicher Anlass, als der Tiergarten am Dutzendteich am 11. Mai 1912 eröffnet wurde. Für die Männer war
in der Einladung Frack als Bekleidung vorgeschrieben. Dieses Detail zeigt den hohen gesellschaftlichen Stellenwert, der
dem Zoo beigemessen wurde. Nicht die Stadt gründete den Tiergarten, sondern eine engagierte Bürgerschaft, die eine Aktiengesellschaft
ins Leben gerufen hatte. Über Aktien, Schuldverschreibungen und
Spenden kamen stolze 700.000 Goldmark zusammen. Als Standort bot
sich das Gelände der Bayerischen Landesausstellung von 1906 an. Auf

*Auf dem Areal des alten Tiergartens bietet heute
der Volkspark Raum für Erholung.*

20 Hektar sollten großzügige Anlagen für Affen und Elefanten, eine Raubtierschlucht, eine Tropenhalle, ein Gebirge aus Holz und Beton und eine Papageienallee mit den exotischen Vögeln entstehen.

„Es war ein beeindruckendes Entrée, die Papageien saßen auf ihren Stangen angekettet im Freien", schildert die frühere Tiergarten-Pressesprecherin Nicola Mögel, „die Besucher konnten entlang flanieren, die Vögel beobachten und zugleich ihre Sahnewaffel genießen. Der Eingangsbereich vermittelte eine gewisse Leichtigkeit." Außerdem bot sich die Nutzung der vier

> *„Es war ein beeindruckendes Entrée, die Papageien saßen auf ihren Stangen angekettet im Freien, die Besucher konnten entlang flanieren, die Vögel beobachten und zugleich ihre Sahnewaffel genießen."*

bestehenden Nummernweiher für Eisbären, Wasservögel und Seelöwen an. Die Tiere sollten nicht in Käfigen zu sehen sein, sondern in einem Landschaftspark mit weitläufigen Gehegen. Carl Hagenbecks

Zoo in Hamburg war das Vorbild, dem etliche Städte wie Nürnberg nacheiferten.

Monatelang war Nürnbergs Zoochef Karl Thäter (1886-1946) in ganz Deutschland unterwegs, um bei Tierhändlern Zoobewohner zu kaufen. Betuchte Nürnberger stifteten Strauße und Mönchsgeier, Gazellen, Affen und die zahme Bärin namens Mischka. Bayerns Prinzregent Luitpold (1821-1912) ließ Rot- und Damwild sowie Wildschweine überbringen. Fürst von Hohenlohe-Schillingsfürst (1853-1915) steuerte Kängurus und Nandus bei, das Volksfestkomitee schenkte vier Eisbären.

Das Interesse der Bevölkerung war riesengroß: Gleich am ersten Sonntag nach der Eröffnung kamen 25.230 Besucher, in den Gaststätten wurden 51 Hektoliter Bier getrunken. Das Ereignis wurde ausgiebig gefeiert. Ende 1912 hatten 743.000 Menschen die Anlagen am Dutzendteich besucht, im Jahr 1913 waren es sogar über 800.000.

Der Kriegsausbruch führte 1914 zu einem rapiden Besucherrückgang, im Lauf der folgenden Jahre wurden die wirtschaftlichen Schwierigkeiten immer größer. Viele Zootiere starben, weil das Futter fehlte. Trotz der allgemein schlechten Versorgung unterstützten die Nürnberger ihren Zoo. Auf einen dringlichen Aufruf, Futter zu spenden, brachten viele Kastanien sowie Eicheln vorbei und gaben Geld. Trotzdem wurde die Situation immer prekärer, die Inflation ließ die Kosten für Löhne und Futter ins Unermessliche steigen. Manche Zoos mussten in dieser harten Zeit

Ein historischer Plan macht die Weitläufigkeit des alten Tiergartens deutlich.

ihre Tore endgültig schließen – unter ihnen auch Hellabrunn in München. Der Nürnberger Tiergarten schaffte es trotz der schwierigen Lage, dort Tiere günstig zu erwerben und die eigenen dezimierten Bestände zu ergänzen.

Von Anfang an hatten die Tiergarten-Gründer das Ziel, den entfremdeten Stadtbewohnern die Natur näher zu bringen. In einem Aufruf hieß es: „Ein Tiergarten ist die Zierde für eine Großstadt, [er] gewährt dem Tierfreunde unendlich viel Freude und Gelegenheit zur Beobachtung und bietet der Jugend eine unerschöpfliche Quelle der Belehrung."

Das nahm bei den „Völkerschauen" allerdings skurrile Züge an. Denn am Dutzendteich wurden neben exotischen Tieren auch Menschen aus fernen Ländern präsentiert. Die Grup-

Nicola Högel, die frühere Pressesprecherin des Tiergartens kennt auch die Schattenseiten des alten Tiergartens.

pen zogen von Zoo zu Zoo und verdienten so ihren Unterhalt. Im Spätsommer 1924 zeigten rund 30 Singhalesen ihre Fertigkeiten in einem nachgebauten Dorf. Ceylonesische Messingschmiede bearbeiteten Metall, Töpfer und Weber stellten Schalen und Wandteppiche her. Tänzerinnen und Tänzer beeindruckten die Zuschauer. Drei Elefanten, etliche Zwergzebus sowie 60 Brillenschlangen und Pythons ergänzten die Truppe. Auch eine „Indienschau", eine „Abessinienschau" sowie eine „Lappenschau" machte in Nürnberg Station.

„Es ist furchtbar und mit der Menschenwürde nicht vereinbar, dass man Frauen und Männer aus fernen Ländern zur Schau gestellt hat. Im Zeitalter des Kolonialismus war das aber politisch gewollt", unterstreicht die frühere Tiergarten-Pressesprecherin Mögel, „es ging um das Exotische, doch es war Ausbeutung. Heute ist das undenkbar."

Ungewöhnlich ist auch, dass damals Pfleger mit Affen auf dem Arm spazieren gingen oder ein Tierinspektor eine Löwendressur vorführte. Ziegen zogen kleine Wägelchen, in denen Kinder Platz nehmen durften. Auf einem Foto ist ein Orang-Utan-Baby in einem Kinderwagen zu sehen. Die Zoo-Mitarbeiter griffen viel intensiver in den Alltag der Tiere ein und prägten sie auf den Menschen. Die Konsequenz waren Misserfolge bei den Nachzuchten, etwa bei den Eisbären, weil die Raubtiere mit ihren Artgenossen nichts anfangen konnten. Heute sieht der Tiergarten die Interaktion unter den Tieren als wesentlich an. Sie sollen an Menschen gewöhnt, aber nicht von ihnen geprägt sein.

Die 1920er-Jahre waren die Blütezeit des Tiergartens am Dutzendteich. Man baute ein Gesellschaftshaus mit einem 800 Quadratmeter großen Saal. Durch Konzerte, Tanz und Veranstaltungen für Kinder entwickelte es sich zu einem Zentrum des kulturellen Lebens.

Die politische Radikalisierung machte schließlich auch vor den Tiergarten-Toren nicht Halt: Unter dem Druck der Nationalsozialisten wurden 1933 alle jüdischen Mitarbeiter entlassen. Verdiente Aufsichtsräte der Tiergarten AG mussten wegen ihrer politischen Gesinnung oder wegen ihrer jüdischen Herkunft die Ämter aufgeben. Ab 1938 war allen Juden der Besuch des Tiergartens verboten. Und dennoch: Beim Einstieg der Stadt als Eigentümerin des Tiergartens ging alles korrekt vor sich, betont Mögel: „Wir haben recherchiert, dass alle Aktienbesitzer gleich behandelt wurden. Jüdische Bürger erhielten ab 1935 für ihre Aktien von der Stadt dieselbe Summe wie nichtjüdische Teilhaber."

„Wir haben recherchiert, dass alle Aktienbesitzer gleich behandelt wurden. Jüdische Bürger erhielten ab 1935 für ihre Aktien von der Stadt dieselbe Summe wie nichtjüdische Teilhaber."

Schon ab 1934 wurde an Umzugsplänen für den Tiergarten gearbeitet, weil die Nationalsozialisten das Areal am Dutzendteich für ihre Reichsparteitage beanspruchten. Vor einer ersatzlosen Schließung schreckten die neuen Machthaber zurück, sie fürchteten den Widerstand der Bevölkerung. Hitler wollte die Nürnberger über die Verlegung so lange wie möglich im Unklaren lassen: „Der Führer wünscht nicht, dass über den Neubau am Schmausenbuck berichtet wird", hieß es in einer Anweisung des Bürgermeisteramts an das Nachrichtenamt der Stadt. Der neue Standort am Reichswald bot weit mehr Platz, die Idee eines Landschaftszoos konnte noch eindrucksvoller umgesetzt werden. An den alten Tiergarten erinnern dort heute noch die beiden Bronzelöwen des Künstlers Philipp Kittler (1861-1944) am Haupteingang. Sie sind mit dem lebendigen Tierbestand an den Schmausenbuck umgezogen, wo der neue Tiergarten 1939 eröffnete.

Am ursprünglichen Standort schleichen heute zwar keine Tiger und Löwen herum, dafür schnattern Enten, Gänse und Schwäne in den Nummernweihern. Außerdem befindet sich hier der Volkspark, unter dessen großen Bäumen man sich gut erholen kann. Zweimal im Jahr wird es in unmittelbarer Nachbarschaft richtig voll, wenn jeweils bis zu zwei Millionen Gäste zu den Volksfesten kommen.

Hartmut Voigt

....

Hier befand sich der alte Tiergarten:

Er erstreckte sich auf dem Gelände des heutigen Volksparks Dutzendteich an der Münchener Straße 283.

Die Radrennbahn war bei ihrer Einweihung im Jahr 1904 mit Zuschauern rund um die Bahn und sogar im Innenraum auf der Wiese voll besetzt.

Radrennbahn

Wettkämpfe entlang der Côte d'Azur

Christoph Schwerdt genügt es, den Benzingeruch eines Motorrades einzuatmen – und schon befindet er sich gedanklich auf der ehemaligen Radrennbahn am Reichelsdorfer Keller. Hier drehte er bereits als Schüler seine Runden und bestritt nach seiner Zeit als Radprofi etliche Sprint- und Steherrennen. Jetzt steht er in seinem Nürnberger Triathlon-Spezialgeschäft zwischen Rennrädern und Gravelbikes und berichtet von einem eindrücklichen Erlebnis auf der Bahn: „2017 gab es bei einem Rennen einen großen Schlag. Ich dachte, mein Reifen sei geplatzt. Es hat sich

Die Bahn ist verlassen und Pflanzen sprießen im brüchigen Beton. Ein Investor will hier Wohnungen errichten.

aber eine 30 mal 40 Zentimeter große Betonplatte komplett aus der Fahrbahn gelöst und mein Hinterrad beschädigt." Nach dem vorsichtigen Ausrollen kam Christoph Schwerdt auf dem Rasen zum Stehen. Glücklicherweise unverletzt. Spätestens ab diesem Zeitpunkt war klar, dass die Piste zu marode war, um auf ihr weiterhin Rennen abzuhalten: Die Tage der Rennstrecke waren gezählt. Eine Renovierung der Betonbahn aus dem Jahr 1904 – für die man eine Million Euro an Kosten schätzte – konnte der kleine „Verein Sportplatz", dem die Bahn gehörte, nicht mehr in Angriff nehmen.

„Die Radrennbahn am Reichelsdorfer Keller war einer der ersten Freiluft-Sportplätze in der Stadt", berichtet Manfred Marr. Der Nürnberger Radsportexperte hat über 60 Jahre lang die Radrennen am Reichelsdorfer Keller verfolgt und als Journalist auch über Weltmeisterschaftsrennen oder von Olympischen Spielen berichtet. „Fußballvereine wie der 1. FCN haben einst noch auf verschiedenen Wiesen gekickt, bevor sie ihren ersten Sportplatz im Freien eingeweiht hatten.

Da waren ihnen die Radsportler voraus", sagt Manfred Marr. Im Jahr 1903 hatten Nürnberger Sportfreunde einen Verein gegründet, der ein klares Ziel hatte: eine Radrennbahn zu bauen. „Verein Sportplatz Nürnberg e.V." lautet deshalb auch der etwas sperrige Vereinsname. „Es gab damals in Deutschland einen regelrechten Radrennbahn-Boom", sagt der Radsportexperte. „In ganz Europa und auch in den USA. Überall wollten größere Städte die Wettkampfpisten mit den extremen Steilkurven bauen." Dieser Boom hatte einen guten Grund: „Um die Jahrhundertwende gab es hauptsächlich Feldwege oder Straßen mit Kopfsteinpflaster. Keine idealen Bedingungen für den Radsport. Deshalb musste die Bahn her", erklärt Manfred Marr.

Die sportbegeisterten Brüder der Reichelsdorfer Brauerei Schalkhaußer verpachteten dem „Verein Sportplatz" ein Waldgelände neben ihren Bierkellern – nicht ganz ohne Eigennutz. Denn an den großen Renntagen mit enormen Zuschauerzahlen konnten sie jede Menge ihres Gerstensaftes verkaufen. Man saß rund um die Bahn unter hohen Bäumen wie in einem großen Biergarten.

Christoph Schwerdt hat als Steher am Reichelsdorfer Keller kräftig in die Pedale getreten und hat dort zahlreiche Wettkämpfe bestritten.

Im August 1904 fanden die ersten Sprinterrennen am Reichelsdorfer Keller statt. Ein Jahr später kamen die Steherrennen dazu. Gerade bei den Steherrennen herrscht große Spannung, sie sind für das Publikum sehr attraktiv, denn im Windschatten der schweren und sehr lauten Motorräder kommen die Radler auf Geschwindigkeiten von über 100 Stundenkilometern. Kein Wunder, dass die Zuschauer in

Scharen kamen: Um die 15.000 bis 20.000 waren es in den besten Zeiten – bis zu 8.000 noch in den 1960er-Jahren. Die Plätze um die Bahn und auf der Wiese im Innenraum waren gut besucht. In der Zeit vor dem Ersten Weltkrieg und ebenso noch bis in die 1950er-Jahre brachten drei Sonderzüge die Zuschauer vom Nürnberger Hauptbahnhof zur Radrennbahn.

Am Start machen die Motorräder – man kann es sich denken – einen ohrenbetäubenden Lärm. Die Radsportler sortieren sich hinter ihren jeweiligen Schrittmachern ein und nehmen als Gespann auf dem Motorrad und Fahrrad schnell an Fahrt auf, um sich mit den Gegnern packende Rennen zu liefern. „Ich höre es, wenn ein anderes Gespann näher kommt, erkenne, ob die anderen Gas geben und zum Überholen ansetzen. Darauf reagiert sofort der Schrittmacher, und als Fahrer heißt es dann, kräftig in die Pedale zu treten", sagt Radsportler Christoph Schwerdt. Bei Stehermeisterschaften ging es bis in die 1960er-Jahre immer 250 Mal rund um die 400 Meter lange Betonbahn mit den Steilkurven von 48 Grad Neigung. Die Radsportler brauchten also ein großes Durchhaltevermögen, daher nannte man sie Steher, vom englischen Wort *stayer*. Die erfahrenen Männer auf den schweren Motorrädern sorgten als Schrittmacher für rasantes Tempo.

Die Perspektive des Schrittmachers schildert Johannes Fuchs, der gemeinsam mit Christoph Schwerdt einen bayerischen Meistertitel am Reichelsdorfer Keller holte: „Ich muss die Gashebel ganz fein bedienen, sodass der Radler hinter mir gut folgen kann. Wir Schrittmacher beobachten die anderen Gespanne aus dem Augenwinkel, wenden höchstens einmal den Kopf, um den Steher nicht unvermittelt starkem Gegenwind auszusetzen." Dann heißt es, entweder eine Attacke zu fahren, also zu beschleunigen, oder zu wissen, wann es genug ist, sodass der Radler nicht von der Rolle fällt und er den Kontakt zum Fahrer abreißen lassen muss. Der Begriff „ganz von der Rolle sein", also ganz aus dem Konzept geraten, stammt tatsächlich vom Stehersport. Mit der „Rolle" ist jener Abstandshalter hinter dem Motorrad gemeint, der sich zur Sicherheit des Radlers bei einem möglichen Kontakt mitdreht. Übrigens: Auch Schrittmacher müssen jede Menge Kraft aufbringen, wenn sie sich bei 80 Stundenkilometern, bis zu eine Stunde lang aufrecht stehend, dem Fahrtwind entgegenstemmen. „Es ist toll, die Fliehkräfte in den Kurven zu erleben!", findet Johannes Fuchs. „Wir hörten die Anfeuerungsrufe und erlebten hautnah mit, wenn eine La-Ola-Welle durchs Stadion ging. Das Publikum saß ja direkt an der Bahn", schwärmt der Schrittmacher.

Für den Europa-Vizemeister Mario Vonhof war die Rennstrecke am Reichelsdorfer Keller „die schönste Bahn der Welt". „Die Lage mitten im Wald unter den hohen Bäumen ist einfach einmalig!", sagt der ehemalige Radprofi. „Auf der großen 400-Meter-Runde mit den extremen Steilkurven konnte man um die 15 km/h schneller fahren als auf einer kleineren 250 Meter langen Bahn", erklärt er und betont, dass er weiß, wovon er spricht, kenne er doch viele Pisten im In- und Ausland. „Die Stimmung am Reichelsdorfer Keller war ganz besonders", erinnert sich der gebürtige Berliner, der seit 1998 in Nürnberg lebt und jetzt den bayerischen Radsport-Nachwuchs trainiert. Er hätte sich gewünscht, dass die traditionsreiche Bahn erhalten geblieben wäre. Doch es habe sich kein Sponsor gefunden, der die Renovierungskosten übernommen hätte.

„Es ist unverständlich, dass dem Abriss zugestimmt wurde und damit der Zerstörung einer von Deutschlands ältesten noch existierenden Sportstätten überhaupt."

„Es ist unverständlich, dass dem Abriss zugestimmt wurde und damit der Zerstörung einer von Deutschlands ältesten noch existierenden Sportstätten überhaupt – ist sie doch ein bauliches Denkmal fränkischer, wenn nicht gar deutscher Sport- und Industriegeschichte", sagt Mario Vonhof.

Bis zum Ende der Radrennbahn im Jahr 2017 verfolgte Manfred Marr hier alle Rennen. Er kann sämtliche Radsportgrößen aus dem Effeff aufzählen, die zu den Helden am Reichelsdorfer Keller gehörten. Da sind in der Anfangszeit die Lokalmatadore Carl Dill und Andreas Kölbl, der „blitzschnelle" Europameister Arthur Stellbrink aus Berlin, der Frankfurter Meisterfahrer Oskar Breitling, oder Willy Arend, der erste deutsche Profi-Bahnradweltmeister. Es fallen Namen wie Hans Herbst, Heinz Jakobi, Georg Voggenreiter, Fritz Scheller, Karl Kittsteiner, Horst und Gerhard Duschl, Klaus Burges, Roland Renn, Steherweltmeister Horst Gnas und viele andere mehr. Auch internationale

Radsportgrößen starteten einst am Reichelsdorfer Keller, zum Beispiel die Sprintasse Arie van Vliet, Thorwald Ellegard, Edmond Jacquelin oder Bobby Walthour. Manfred Marr verweist auch auf die neun Weltmeistertitel von Schrittmacherlegende Dieter Durst, der mit so manchem Steher zu Erfolgen fuhr. „Nicht nur Steherrennen haben am Reichelsdorfer Keller stattgefunden, sondern auch Rennen in anderen Radsportdisziplinen, vor allem Sprint- oder Mannschaftsrennen, auf dem Tandem und in den olympischen Disziplinen", ergänzt Manfred Marr.

Jetzt fährt niemand mehr an der „Cote d'Azur" entlang, jener blauen Linie, die im Radrennsport den Innenbereich von der Wettkampfbahn trennt und die wegen ihrer Farbe nach der berühmten Küste am leuchtend blauen Mittelmeer benannt ist. Die Zuschauertribünen am Reichelsdorfer Keller sind abgebaut und Pflanzen sprießen aus der rissigen Betonbahn, auf der sich vor nicht allzu langer Zeit Radrennfahrer in den Steilkurven spektakuläre Rennen lieferten: Die Bahn und das Gelände wurden an einen Investor verkauft, der hier ein Wohnquartier errichten möchte.

Dass es die Bahn nicht mehr gibt, reißt eine große Lücke in die Nürnberger Radsportszene. Sie war in gewisser Weise das Herzstück des Nürnberger Radsports und brachte Sportler der bayerischen Radsportvereine jahrzehntelang zusammen, die hier trainierten und ihre Rennen fuhren. Gerade im Nachwuchsbereich sei das schmerzlich. Schließlich sei es für die Kinder viel sicherer, auf der Bahn, statt auf der Straße Rad zu fahren. „Ohne die Radrennbahn wird es mit der Nachwuchsarbeit schwierig werden", meint Manfred Marr.

Maria Inoue-Krätzler

Hier befand sich die Radrennbahn:

Auf der Radrennbahn im Reichelsdorfer Keller wurden 2017 noch Rennen gefahren. Sie erstreckte sich in der Kellerstraße.

Karolinenstraße

Wandel durch Handel

Die Karolinenstraße, eine der Hauptgeschäftsstraßen
Nürnbergs, hat eine lange Tradition. Schon im Mittelalter
haben Handwerker und Kaufleute hier ihre Waren verkauft. Sie war und ist eine der Lebensadern auf der Loren-
zer Seite. Die Straße war seit jeher sehr breit angelegt mit der mächtigen mittelalterlichen Kirche St. Lorenz als Fluchtpunkt. „Früher hieß
sie Am Fischbach, dort floss oberirdisch ein Arm des Gewässers aus
dem Süden Nürnbergs und mündete in die Pegnitz. Erst im frühen 19.
Jahrhundert wurde der Fischbach verrohrt und unter die Erde gelegt",

Die Karolinenstraße ist heute Teil der Fußgängerzone – eine der größten Fußgängerzonen in Deutschland.

berichtet Kunsthistoriker Sebastian Gulden. 1810 wurde der zentrale Verkehrsweg in Karolinenstraße umbenannt, nach der Gemahlin des bayerischen Königs Maximilian I. Joseph von Bayern (1756-1825).

Eine rege Bautätigkeit gab es ab der Mitte des 19. Jahrhunderts, denn mit der Eröffnung des Hauptbahnhofs 1844 kamen viele Besucher und Gäste über die König- in die Karolinenstraße. Die Königstraße entwickelte sich in den folgenden Jahrzehnten zur mondänen Nürnberger Empfangsstraße mit herrschaftlichen Hotels und Gasthäusern. Und sie zog mit dieser Entwicklung die Karolinenstraße mit, die von der Königstraße abzweigt: Hier entstanden im späten 19. und zu Beginn des 20. Jahrhunderts prächtige repräsentative Häuser – mittelalterliche Behausungen und Gebäude aus der frühen Neuzeit wurden dafür abgerissen. Wegen der Größe der Neubauten und wegen ihres Stils, der nicht zu „Alt-Nürnberg" passte, gab es neben Zustimmung auch heftige Kritik von örtlichen Altertumsforschern und Architekten.

Die neue Ära der Kaufhäuser prägte von jetzt an die Karolinenstraße: Statt in vielen einzelnen Läden das Gewünschte zu suchen, sollte der Kunde in den eben gebauten Warenhäusern alles unter einem Dach finden. Viel Auswahl, günstige Preise – das war die Geschäftsidee. Selbstbewusst stand beispielsweise das neue „Hotel zum Strauß" in der Karolinenstraße 47 da, das 1905 als „Grand Bazar zum Strauß" zu einem der ersten Kaufhäuser Nürnbergs umgestaltet wurde. Mit der Bezeichnung „Bazar" sollten die Kunden etwas Besonderes verbinden: Der orientalische Anklang stand für eine breite Produktpalette, aber keinesfalls für Ramschware. Mit dem einst üblichen „Anschreiben" und dem Feilschen war es vorbei, Festpreise wurden eingeführt.

An den verkaufsoffenen Sonntagen im Advent drängten sich in den 1950ern die Massen auf den Gehwegen der Karolinenstraße.

Neben günstigen Einkaufsmöglichkeiten fanden sich auch teure Angebote für einen „gehobenen Bedarf", was bereits die Architektur eines Neubaus signalisierte: Fast schon schlossartig wirkte das „Kunstgewerbliche Magazin Georg Leykauf" an der Ecke Königstraße/Karolinenstraße gegenüber dem heute noch erhaltenen mittelalterlichen „Nassauer Haus": „Passanten konnten in den großzügigen Schaufenster-Arkaden edle Kleinmöbel, filigrane Porzellanvasen, Jugendstil-Figuren und Nachgüsse von romanischen Leuchtern bestaunen", führt Kunsthistoriker Gulden aus. Das „Magazin" bot auch Repliken von Kunstwerken an, deren Originale nicht weit entfernt im Germanischen Nationalmuseum gezeigt werden.

Die meisten Prachtbauten wurden im Zweiten Weltkrieg zerstört oder schwer beschädigt und in der Folge abgebrochen. Auch die beeindruckende „Karolinenpost" auf Hausnummer 34 erhielt mehrere Treffer und wurde nach provisorischer Instandsetzung doch noch ein Fall für die Abrissbirne. Wegen des Aufbaus des Telefonnetzes war das Gebäude der Post 1901 bis 1905 errichtet worden – im Stil des Neobarocks und des Jugendstils. Heute steht an dieser Stelle die moderne Glasfassade des Kaufhauses Breuninger.

Der repräsentative Baustil der Warenhäuser lässt sich noch in der Fortsetzung der Karolinenstraße am Ludwigsplatz beim Weißen Turm erkennen. Das frühere „Kaufhaus Weißer Turm" brannte zwar 1945 vollkommen aus, aber die heutige Fassade des Kaufhauses Wöhrl erinnert dennoch an die einstige Größe. Gleichzeitig ruft es das düstere Kapitel der Arisierung im Nationalsozialismus ins Gedächtnis, denn die jüdische Eigentümer-Familie Levy wurde brutal aus dem Geschäft gedrängt. Nach dem Zweiten Weltkrieg erhielt sie dann ihre Anteile an der Firma vollständig zurück. In den 1970er-Jahren wurde Rudolf Wöhrl (1913-2010), Vater des bekannten Unternehmers und Modemachers Hans Rudolf Wöhrl, dort Mitgesellschafter und übernahm später das gesamte Unternehmen.

Wirtschaftsreferent Michael Fraas betont, dass die Karolinenstraße zu den 15 Top-Einkaufsstraßen deutschlandweit gehört.

Beim Wiederaufbau nach dem Zweiten Weltkrieg wurde die Karolinenstraße ein wenig begradigt, um einen besseren Blick auf die Lorenzkirche zu haben und um mehr Platz für Straßenbahn und Individualverkehr zu schaffen. Allerdings kam es zu Beginn der 1960er-Jahre zu heftigen verkehrspolitischen Kontroversen im Stadtrat und in der Bürgerschaft: Fußgänger sollten in der „autogerechten Innenstadt" mehr Raum bekommen – durch die Einrichtung einer Fußgängerzone. Doch die Aufregung war groß, Einzelhändler in der City sahen diese Pläne geradezu als „Mord" an. Denn wenn die Kunden nicht mehr mit ihren Autos direkt vor dem Geschäft parken dürften, so ihr Argument, wäre dies das Ende der Innenstadt-Geschäfte. Eine Initiative von Kaufleuten drohte sogar mit gerichtlichen Klagen.

Es bedurfte vieler Gespräche und hartnäckiger Überzeugungsarbeit, bis 1962 das erste, 200 Meter kurze Stückchen autofreie Zone in der Pfannenschmiedsgasse eröffnet wurde. Zehn Jahre später kamen König-, Kaiser- und Karolinenstraße dazu. Allmählich breitete sich ein autofreies Netz von rund acht Kilometern in der Altstadt aus. „Nürnberg hat heute eine der größten und weitläufigsten Fußgängerzonen Deutschlands", betont der städtische Wirtschaftsreferent Michael Fraas stolz.

Damit vollzog sich eine Verkehrswende im Kleinen: Der Ausbau einer „autogerechten Stadt", an der die Verkehrsplaner der Wiederaufbauzeit intensiv gearbeitet hatten, bekam ihren ersten Dämpfer. Eine gänzliche Abkehr von dieser Ideologie war das aber noch nicht, denn der Bau von Parkhäusern in unmittelbarer Nähe der Fußgängerzone ermöglichte es, weiterhin problemlos mit dem Pkw zum Einkauf zu fahren. Aber die wilden Zeiten, als Autos, Lkw und Motorräder die Rennstrecke an der Lorenzkirche vorbeirasten, waren vorüber.

Ein Blick in die spätere Fußgängerzone Breite Gasse im Jahr 1966.

Ganz ohne Verkehrsmittel ging es jedoch nicht: In der Karolinenstraße verkehrten zeitweise bis zu sieben Straßenbahn-Linien. Sie verschwanden erst 1978, als die U-Bahn in Betrieb ging. Bis zu diesem Zeitpunkt war dort ein entspanntes Bummeln nicht so richtig möglich.

Den Passanten saß immer die Angst im Nacken, von der stürmischen Straßenbahnklingel verscheucht zu werden. Die Breite und Leere des Stadtraums stieß manchem Bürger auf: In einem Brief an die Tageszeitung *Nürnberger Nachrichten* monierte ein Leser 1973, die Fußgängerzone sei „noch so ungemütlich wie eine Fluglandebahn".

Sitzbänke, Schauvitrinen, Laternen und Pflanztröge hat die Stadt aufgestellt und für ausreichend Mülleimer gesorgt, um einen wohnlicheren Eindruck zu vermitteln. „Die Stadt bemüht sich sehr um Sauberkeit, die Fußgängerzone ist in Ordnung", lobt Hans Schmidt von „Erlebnis Nürnberg", einem Zusammenschluss von rund 600 Einzelhändlern.

Einkaufen, Kulturgenuss, Flanieren, das alles soll die Fußgängerzone bieten: „Dieses Gesamterlebnis müssen wir stärker betonen", meint Wirtschaftsreferent Michael Fraas, „die Fußgängerzone bietet den notwendigen Raum für die Entfaltung eines urbanen Lebensgefühls, sie ist attraktiv für Einheimische wie für Gäste." Stimmt: Mit 6.000 Passanten pro Stunde zählt die Karolinenstraße zu den 15 Top-Einkaufsstraßen in Deutschland.

„Die Fußgängerzone bietet den notwendigen Raum für die Entfaltung eines urbanen Lebensgefühls, sie ist attraktiv für Einheimische wie für Gäste."

Hartmut Voigt

....

Hier befindet sich die Karolinenstraße:

Sie beginnt direkt am Platz vor der Lorenzkirche.

Im mittelalterlich geprägten Stadtbild Nürnbergs war die Alhambra aus dem Jahr 1840, ein Gartenhaus im maurischen Stil, ein exotischer Anblick.

Alhambra

Ein Traum wie aus 1001 Nacht

Die Kaiserburg, die Stadtmauer, die Kirchen, das Dürer-Haus und der Schöne Brunnen. Zu diesen bekannten Sehenswürdigkeiten der Stadt kam in der Mitte des 19. Jahrhunderts eine weitere Attraktion hinzu: die Alhambra – ein Fantasiebau im „maurischen Style". Dieser märchenhafte Bau stach mit seiner Exotik im vom Mittelalter geprägten Nürnberg hervor und durfte in keinem Reiseführer der Zeit fehlen. So schwärmt Friedrich Mayer, Autor des 1843 veröffentlichten Bandes *Nürnberg im Neunzehnten Jahrhundert* von der Alhambra: „Wenn man in schweig-

Bereits 1895 ersetzte das Hansahaus den exotischen Märchenbau. Heute sind dort zahlreiche Arztpraxen beheimatet. Im Erdgeschoss befindet sich eine Apotheke.

samer Mondscheinnacht die Straße von Fürth heraufzieht, ein einsamer Wanderer, und sieht das bläuliche Licht traumhaft sich in den vergoldeten Kuppeln spiegeln und sieht die ganze Umgebung in abgestuften Schatten ruhen, so wird man glauben, in ein Märchen von Tausend und einer Nacht einzutreten."

Als einen Traum wie aus 1001 Nacht beschreibt auch Sebastian Gulden die Alhambra. Der Nadelfabrikant, Mühlenbesitzer und türkische Honorarkonsul Johann David Wiß (1780-1867) habe das Bauwerk für seine Frau Rosina als „ein etwas aufgeblasenes Gartenhäuschen, einen etwas überdimensionierten Gartenpavillon" errichten lassen, sagt der Bauhistoriker scherzhaft. Gewohnt hat die Familie Wiß allerdings in einem Haus in der Altstadt und nutzte die Alhambra nur in den Sommermonaten.

Erbaut zwischen 1839 und 1840, stand die Alhambra an der Fürther Straße am Rande des Plärrers: genau dort, wo jetzt das große Hansahaus von 1893 seinen Platz hat. Die Fassade der Alhambra war farbig gefasst und von kielbogigen Fenstern durchbrochen. Die schlanken Säulen waren von typisch maurischen Hufeisenbögen überkrönt, darüber befand sich im ersten Stock ein ausladender Balkon. Das flache Dach zierten zahlreiche Türmchen und Kuppeln.

Wie sich die Dame und der Herr des Hauses wohl gefühlt haben mögen, wenn sie auf den Balkon dieses märchenhaften Baus traten? Die von Fachwerkhäusern geprägte Stadt im Rücken, konnten sie hier auf den kurz zuvor eröffneten Bahnhof der Ludwigseisenbahn hinüberschauen, von dem es mit dem damals hochmodernen Zug namens „Adler" die rund sechs Kilometer lange Strecke nach Fürth ging. Auch hatten sie einige Fabrikschlote des sich hier langsam entwickelnden Industriestandortes im Blick, doch ansonsten war die Gegend ringsumher noch eher spärlich bebaut.

Der Architekt dieses Märchenbaus war kein Geringerer als Carl Alexander Heideloff (1789-1865). Er galt als *der* Verfechter neugotischer Architektur schlechthin und wollte sich möglichst genau an der Kunst der alten Werkmeister orientieren. In diesem Bau erlaubte er sich die historisierende Aneignung maurischer Bauelemente. Auch türkische Wappen seien an dem Gebäude angebracht gewesen, erklärt Sebastian Gulden. Was natürlich nicht zum Baustil passe, macht er deutlich und merkt an, dass die Formen eher der islamischen Baukunst Indiens des 17. und 18. Jahrhunderts entlehnt sind. „Im Grunde genommen ist es ein Kuriosum, ein Mischmasch aus Versatzstücken, die man damals gemeinsam mit dem ‚exotischen' Orient verband, ohne sich wirklich mit der dortigen Kultur auseinanderzusetzen", urteilt Sebastian Gulden über den Bau. In der Mitte des 19. Jahrhunderts zog es Reisende zu diesem fantastischen Gebäude, sie tauschten untereinander Fotokarten – die Vorläufer unserer heutigen Ansichtskarten – von der Alhambra aus. Friedrich Scharrer fertigte eine kolorierte Lithografie an.

Sebastian Gulden hebt den romantischen Aspekt des Baus hervor und nennt ihn „Nürnbergs schönsten Liebesbeweis". Im Vergleich zum Tadsch Mahal, „dem schönsten und zugleich protzigsten Liebesbeweis der Weltgeschichte", habe der Bau zu Lebzeiten von Johann David Wiß' Ehefrau Rosina genutzt werden können, wohingegen Mumtaz Mahal, die Lieblingsfrau des indischen Großmoguls Shah Jahan (1592-1666), nichts von ihrer prächtigen Grablege hatte, erläutert Sebastian Gulden. So wie der Adel Gartenpavillons in weitläufige Parkanlagen hineinstellte – man denke an Gartenhäuschen im Park von Schloss Nymphenburg oder Schloss Sanssouci – so baute auch Johann David Wiß sein exotisches Gartencasino am Rande des Rosenauparks. Gulden sieht darin „ein typisches Bestreben des Großbürgertums, es dem Adel gleich zu tun".

Johann David Wiß ließ nicht nur die Alhambra errichten. Zuvor hatte er bereits das benachbarte Gebiet um den ehemaligen Bleichersweiher erworben und in einen großzügigen und exklusiven Privatpark umgestalten lassen, den man sich auch als einen „exotischen Vergnügungspark à la Tivoli" vorstellen kann. Dieses Areal besaß schon eine lange Geschichte. Im 13. Jahrhundert hatte es dem damals noch jungen Deutschen Orden gehört, der hier einen Weiher für die Fischzucht und für die Wäschebleiche anlegte. Anlässlich der Friedensverhandlungen nach dem Ende des Dreißigjährigen Kriegs fand 1649 auf dem Gelände ein großes Feuerwerk statt. Nachdem der Deutsche Orden im Jahr 1806 seine Besitzungen an das Königreich Bayern hatte abtreten müssen, ging das Gebiet um den Bleichersweiher 1825 an die Stadt Nürnberg über. Zwei Jahre später erwarb es Johann David Wiß und begann, das Gelände umzugestalten. Gegen eine Eintrittsgebühr lustwandelte das gehobene Bürgertum fortan durch den Rosenaupark, wie er noch heute

Bauhistoriker Sebastian Gulden sieht in der Alhambra „Nürnbergs schönsten Liebesbeweis".

heißt. Benannt hat ihn der Besitzer wahrscheinlich nach seiner Frau Rosina. Andere vermuten, der Park sei nach Schloss und Park Rosenau bei Coburg benannt, in welchem Prinz Albert von Coburg-Sachsen geboren wurde, der spätere Gemahl der britischen Königin Victoria.

Im umgestalteten Rosenaupark brachen die Damen und Herren der vornehmeren Kreise zu Bootsfahrten über den ehemaligen Bleichersweiher auf. Sie stiegen über pittoreske Brückchen, es gab einen Felsenkeller, einen Tanzpavillon im chinesischen Stil und ein Gartenlokal, dazu Blumenrabatten und Barockfiguren. Wer hier entlangflanierte, konnte sich fern der Alltagswelt fühlen und sich in exotische Welten hineinträumen – zumal, wenn er zu den Kuppeln der Alhambra hinaufblickte. Zeitgenössische Ansichten zeigen Ausflügler in Kähnen, die von Schwänen begleitet über den Weiher rudern. Mit der weißblauen Raute bemalte Segelboote gleiten auf ihm dahin: So hat es Adam Klein (1792-1875) in einem Aquarell festgehalten.

Heute toben Kinder auf dem Spielplatz des Rosenauparks, während es sich die Eltern dort im Café gemütlich machen.

1867 starb Johann David Wiß. Damit waren auch die Tage der Alhambra gezählt. 1888 wurde das weltentrückte Gebäude wieder abgerissen, angeblich wegen Baumängeln. Ob das so zutrifft – nach nur 40-jährigem Bestehen des Hauses – zweifelt Sebastian Gulden an: „Wohl eher meldeten andere Bauherren Interesse an dem Grundstück in inzwischen interessanter Lage an." Sehr bald folgte also der Poesie dieses fantastischen Baus der Pragmatismus: So entstanden ab 1880 in der nördlichen Fürther Straße zahlreiche Bürgerhäuser. Auch zahlreiche jüdische Hopfenhändler hatten hier sowie in benachbarten Straßen, wie der Hoch- und der Bleichstraße, ihre Wohnungen.

1893 erwarb die Stadt Nürnberg die Rosenau mitsamt einem lang gestreckten Saalbau und Gaststätten und machte die Parkanlage für alle zugänglich. Jetzt fanden hier auch Musik- und Theateraufführungen oder Bockbierfeste statt, es gab Schießbuden und Kasperletheater. Im Winter konnten die Bürgerinnen und Bürger auf dem zugefrorenen Bleichersweiher Schlittschuh laufen. Nach dem Zweiten Weltkrieg wurde er zugeschüttet. Schon zuvor war der Wasserpegel wegen der Überbauung und Umleitung seiner Zuflüsse gesunken. In dem nun weniger spektakulären Park wurde immerhin der Minnesängerbrunnen von Philipp Kittler (1861-1944) platziert. Der wurde in der NS-Zeit wegen der Anlage einer Gleisschleife für die Straßenbahn von der Prateranlage in die Rosenau umgesetzt. Dabei hat man den Brunnen etwas verändert – und die Erinnerungstafel an die jüdische Stifterin Babette Bach entfernt. Der Zirkus Holzmüller errichtete 1947 einen festen Rundbau im Rosenaupark, in dem einige Jahre lang Zirkusveranstaltungen zu sehen waren.

Heutzutage trifft sich ein hippes Völkchen in der Rosenau auf der Terrasse des Café Kiosk, eines umgebauten Milchhäuschens der 1950er-Jahre, und sieht von hier aus den Kindern beim Toben auf dem Spielplatz zu. Man blickt auf hohe Bäume, einige Rosenrabatten und den Minnesängerbrunnen, sonnt sich auf ausgedehnten Rasenflächen. Und vielleicht denkt der eine oder andere Rosenaubesucher sogar an Rosina und Johann David Wiß – und die Kuppeln der Alhambra –, wenn er hier den Blick und die Gedanken schweifen lässt.

Maria Inoue-Krätzler

Hier stand die Alhambra:

Die Alhambra befand sich einst in der Fürther Straße 2.

Das Hans-Sachs-Haus war vor der Zerstörung im Zweiten Weltkrieg ein Gasthaus, die „Hans-Sachs-Stube", wie auf dem Aushänger vermerkt ist.

Hans-Sachs-Haus

Zusammengeschusterter Marketing-Gag

„Hans Sachs war ein Schuh-/macher und Poet dazu" – dieses Sprüchlein lernten früher alle Nürnberger Schulkinder. Heute ist der Ruhm des Nürnberger Dichters (1494-1576) verblasst, seine über 4.000 Meistergesänge fast vergessen. Gerade noch Richard Wagners Oper *Die Meistersinger von Nürnberg* sichert ihm einen bescheidenen Bekanntheitsgrad. Das war zu seinem 400. Geburtstag im Jahr 1894 ganz anders: Seine Heimatstadt feierte ihn damals geradezu hymnisch, er wurde sogar dem Nürnberger Malergenie Albrecht Dürer (1471-1528) gleichgestellt. Doch die

Auf dem Platz des alten Hans-Sachs-Hauses, das bis in die Mitte der heutigen Hans-Sachs-Gasse gereicht hat, steht nun ein schmuckloses Mehr-Familien-Haus.

Werke des Stiefelklopfers liest – außer Germanistikstudenten vielleicht – heute kaum jemand mehr. Immerhin: Die Hans-Sachs-Spielgruppe hält das Andenken mit Aufführungen seiner Werke engagiert aufrecht.

Wer nach seinen Spuren sucht, findet ihn im Zentrum Nürnbergs am Ehebrunnen beim Weißen Turm oder auch am Hans-Sachs-Platz, wo sein Bronzedenkmal den Zweiten Weltkrieg überstanden hat – im Gegensatz zu seinem Wohnhaus in der nahe gelegenen Hans-Sachs-Straße 17, das bei der großen Zerstörung Nürnbergs am 2. Januar 1945 in Schutt und Asche fiel. Ein Bronzeschild weist an der Wand des schlichten, unauffälligen Nachfolgebaus auf den Handwerker und Versschmied hin.

Das einstige Fachwerkhaus lebt zwar auf alten Fotografien und Postkarten weiter, allerdings durch die Brille des Historismus, der ein romantisierendes, verfälschtes Bild von dem Mann aus dem 16. Jahrhundert gezeichnet hat. So konnten Touristen vor 100 Jahren die „originale Schuster Werkstätte" von Hans Sachs besichtigen. Ein riesiger Kachelofen beherrschte den Raum mit Fachwerkwänden und typisch Nürnberger Butzenscheiben, auf einem Tisch lagen Bücher herum – gerade so, als hätte der Handwerker nach dem Zuschneiden von Stiefelleder mal kurz zur Feder gegriffen, um Gereimtes aufzuschreiben. Die Wanduhr, so erzählte damals die Führerin, stammte angeblich vom berühmten Uhrmacher Peter Henlein (um 1479/1485-1542).

„Grobe Irreführungen" seien die ausgestellten Objekte, stellte Julius Lincke als Leiter der Nürnberger Denkmalpflege 1939 erzürnt fest, als die Stadt das Haus erworben hatte und dort ein Museum einrichten wollte. Die Wanduhr sei frühestens 300 Jahre nach Peter Henleins Tod angefertigt worden, der Kachelofen war ein späterer Einbau und wäre nur vom Nachbarhaus beheizbar gewesen, kein Gegenstand war ein Original aus Hans Sachs' Lebenszeit. Der Gipfel des Humbugs war für Lincke ein Paar kitschig bestickter Hausschuhe, die der Schuster noch selbst angefertigt haben soll.

Mößler pinx.   Nürnberg, Hans-Sachs-Haus

Das Gemälde von Ludwig Mössler zeigt, wie man sich im Historismus das Wohnhaus von Hans Sachs vorgestellt hat.

„Alles Unsinn, in dieser Werkstätte hat Hans Sachs niemals gesessen", meint auch Karl-Heinz Enderle kopfschüttelnd, der sich intensiv mit Hans Sachs und der Baugeschichte des Hauses beschäftigt hat. Der ehemalige Lehrer ist Vorsitzender des „Vereins der Altstadtfreunde", einer einflussreichen Bürgerbewegung mit 5.000 Mitgliedern, die sich um die verbliebenen Reste des baulichen Erbes Nürnbergs bemüht. Rund 20 mittelalterliche Häuser haben die Altstadtfreunde mit viel Liebe zum Detail und mit Millionen Euro hergerichtet und dadurch vor dem Abbruch bewahrt.

Doch bei der alten Immobilie Hans-Sachs-Straße 17 gab es nichts mehr zu retten, sie war ja komplett zerstört. Aber die Geschichte des Hauses konnte man nachzeichnen, und dies tat Karl-Heinz Enderle, indem er Akten im Stadtarchiv und Forschungsliteratur auswertete. So gelang es ihm nachzuweisen, dass das schmale Wohnhaus tatsächlich bis 1945 erhalten blieb und nicht schon viel früher eingestürzt war – wie dies manche Wissenschaftler behaupten. Hans Sachs hatte das Haus 1542 gekauft und mit seiner Familie 34 Jahre bis zu seinem Tod bewohnt. Der Schuhmacherpoet war ein reicher Mann – also von wegen armer Schuster: Er besaß gleich mehrere Häuser in der Altstadt.

Karl-Heinz Enderle hat die Geschichte des Hans-Sachs-Hauses grundlegend erforscht.

„Zu seiner Zeit war Sachs eine Berühmtheit, ein lokaler Held", berichtet Enderle, „er war damals der bekannteste deutsche Dichter." Seine Flugblätter mit religiösem Inhalt wurden im ganzen Deutschen Reich gelesen. Dass er sich auf die Seite der Reformation schlug, gefiel dem Nürnberger Rat jedoch nicht – aber keineswegs aus dem Grund, dass er anderer Meinung gewesen wäre. Im Gegenteil, Nürnberg bekannte sich bereits 1525 zu den Lehren Martin Luthers. Nur: Das war eine Entscheidung der Patrizier als politische Machthaber, die nicht auf die Unterstützung eines Handwerkers angewiesen waren. „Schuster, bleib bei deinem Leisten", signalisierten ihm die Mächtigen von oben herab und machten so den Standesunterschied deutlich.

Drei Jahre nach dem Tod von Hans Sachs verkauften seine Enkel 1579 das Haus im Mehlgässlein, so hieß die Straße zu jener Zeit. Erst 1809 erhielt sie den Namen ihres berühmten Bewohners. Aus der

Schuster-Werkstatt wurde über Jahrhunderte ein Gasthaus, in dem Wein und später auch Rotbier ausgeschenkt wurde. Man traf sich also im „Goldenen Bären", später in der „Mausefalle" und erst ab 1825 im „Hans Sachs". Eigentlich seltsam, dass man nicht schon früher aus dem bekannten Namen Kapital geschlagen hatte.

Doch im Jahr 1835 drohte ein Unglück: Ohne Rücksicht auf Verluste hatte der Nachbar sein Haus abgerissen. Und da auch die gemeinsame Trennwand zum Hans-Sachs-Haus entfernt worden war, musste dieses schmale, hohe Haus abgestützt werden. Besonders sorgsam ist er mit dem Fachwerkhaus also nicht umgegangen. Bildchronist Georg Christoph Wilder hielt die brenzlige Situation mit einer Radierung fest. Kaum zu glauben, dass die abstützenden Balken das Gebäude vor dem Zusammenbruch retten konnten.

In der zweiten Hälfte des 19. Jahrhunderts lebte die Hans-Sachs-Verehrung mächtig auf. Die Stadt blickte stolz auf die „großen Söhne Nürnbergs" wie Albrecht Dürer, Bildhauer Adam Kraft (1455-1509), Bildschnitzer Veit Stoß (1447-1533) und auch auf Hans Sachs. Zu seinem 400. Geburtstag im Jahr 1894 wurde auf dem angrenzenden Spitalplatz (den die Nationalsozialisten später in Hans-Sachs-Platz umbenannten) ein großes Denkmal für den Schusterpoeten aufgestellt, das heute noch dort steht. Wie enttäuscht müssen die Besucher nach der Enthüllung der überdimensionalen Bronzefigur gewesen sein, als sie einige Meter weiter das einstige Wohnhaus aufsuchten.

Die Postkarte zeigt die angebliche Werkstatt des Schusterpoeten. So hat sie aber mit Sicherheit nicht ausgesehen.

In dem unscheinbaren Gebäude verkaufte mittlerweile ein Metzger Bratwürste und Schinken. Er hatte die Fassade in historistischer Manier mit einem Erker ausbauen lassen, so erschien sie auf zahllosen Postkarten als urige Wohnstätte von Hans Sachs. In der Bratwurstküche wurden Bilder und Stiche aufgehängt, um das Ganze noch „authentischer" erscheinen zu lassen.

Antiquitätenhändler Heinrich Nüsslein witterte die Chance, noch mehr aus dem Anwesen zu machen. Er kaufte 1912 das Haus samt Bratwurstküche und richtete die bereits beschriebene „historische" Schusterwerkstatt ein. „Das war ein Marketing-Gag eines gerissenen Geschäftsmanns", meint Enderle, „die Ausstattung und selbst der Raum waren ein Produkt geschäftstüchtiger Besuchertäuschung."

„Das war ein Marketing-Gag eines gerissenen Geschäftsmanns, die Ausstattung und selbst der Raum waren ein Produkt geschäftstüchtiger Besuchertäuschung."

Die Stadt Nürnberg erwarb das Gebäude 1939, um statt der Bratwurstküche und der dilettantischen Werkstatt ein Museum einzurichten. Es blieb bei den Plänen, denn sechs Jahre später war von dem Hans-Sachs-Haus nach der Bombardierung nichts mehr übrig. Heute steht dort ein unscheinbarer Nachkriegsbau, in dem keine Promis mehr wohnen, sondern ganz normale Mieter.

Hartmut Voigt

Hier stand das Hans-Sachs-Haus:

Das Wohnhaus von Hans Sachs lag in unmittelbarer Nähe zum Hauptmarkt. Von der Frauenkirche aus überquert man den Obstmarkt und kommt direkt in die Hans-Sachs-Straße.

Vor seiner Wohnung in der Winklerstraße 29 wurde Buchhändler Johann Philipp Palm festgenommen. Im Erdgeschoss hatte er seine Buchhandlung betrieben.

Palm's Haus

Kampf um Meinungsfreiheit

Am 26. August 1806 trafen den Nürnberger Buchhändler und Verleger Johann Philipp Palm (1766-1806) Schüsse aus zwei Gewehrsalven, die drei französische Garnisonsoldaten auf ihn abgegeben hatten. Danach erhielt er einen Gnadenschuss. Nur drei Stunden vor der Erschießung in Braunau war sein Todesurteil wegen Hochverrats gesprochen worden, weil er eine 144 Seiten starke anonyme Flugschrift verkaufte, in der zum Widerstand gegen die Besetzung Deutschlands durch Napoleon aufgerufen wurde. Nürnberg war im März 1806 zum dritten Mal von französischen Trup-

Anstelle des Renaissancebaus wurde in den 1960er-Jahren ein Gebäude mit Flachdach und Klinkerbauweise im Erdgeschoss errichtet, in dem sich seit 1972 das Café Neef befindet.

pen besetzt worden. Bis zuletzt hatte sich Palm geweigert, den Verfasser des Textes zu nennen. So wurde er bald zu einer Symbolfigur der Forderung nach Presse- und Meinungsfreiheit.

„Es war schon eine Ungeheuerlichkeit, einen Buchhändler zu erschießen", sagt der Historiker, Reisejournalist, Autor und PEN-Vizepräsident Ralf Nestmeyer im Café Neef in der Winkler Straße 29. Es ist ein bedeutsamer Ort. Denn in dem Haus, das bis zum Zweiten Weltkrieg hier stand, hatte der Nürnberger Buchhändler und Verleger Johann Philipp Palm gelebt und gearbeitet. In seiner Funktion als PEN-Vizepräsident setzt sich Ralf Nestmeyer für Meinungsfreiheit ein. „Auch heutzutage sind Autoren, aber auch Verleger, von Gefängnis und Folter bedroht", so Ralf Nestmeyer. Doch es gebe Mittel, gefährdete Vertreter der Meinungsfreiheit zu schützen, ihnen etwa eine große Öffentlichkeit zu verschaffen, indem man sie zu PEN-Ehrenmitgliedern ernennt, Autoren in das spezielle „Writers in Prison"-Programm aufnimmt und bei ihrer anwaltlichen Vertretung unterstützt. Eine weitere Möglichkeit sei es, Schriftstellern Asyl anzubieten, was viele aber ablehnen würden, da sie mit ihrer Arbeit in ihrem Heimatland für Veränderung sorgen möchten.

Doch zurück zu Johann Philipp Palm. *Deutschland in seiner tiefen Erniedrigung* lautete der Titel der Veröffentlichung, in der unter anderem die Franzosen als Weiberschänder und Trunkenbolde bezeichnet und Napoleon als „Erzfeind" ausgemacht wurde. „Napoleon nimmt und gibt Länder, wie immer seine Launen gestimmt sind, er handelt wie der Gott dieser Welt!", heißt es in dem anonymen Text. Die französischen Armeen würden die Bevölkerung durch „schändlichste Gelderpressungen, Misshandlungen und Ausbeutung in die bitterste Armut stürzen". Napoleon forderte persönlich per Anordnung den Tod der Aufrührer. Die genannte Streitschrift war in Augsburg aufgefallen und ihr Inhalt Napoleon übermittelt worden.

Bald wurde der Nürnberger Buchhändler mit dem Text in Zusammenhang gebracht. Dieser hatte die Schrift nicht nur verkauft, sondern auch drucken lassen. „Palm ist in einer Art Scheinprozess verurteilt worden, in welchem ihm nicht einmal Verteidiger zur Seite stehen durften", sagt Ralf Nestmeyer. Napoleon reagierte mit aller Härte auf die franzosenfeindlichen Flugschriften und Karikaturen, die in dieser Zeit vielfach in Bayern kursierten.

Der Buchhändler war gewarnt worden und hielt sich zunächst außerhalb Nürnbergs auf, kam dann aber in seine Wohnung zurück und hielt sich dort versteckt, nachdem ein Gehilfe Beweismittel vernichtet hatte. Seine Verfolger stellten dem gutmütigen Mann jedoch eine Falle: Sie schickten einen Bettler vor sein Haus. Palm kam heraus und gab ihm ein Almosen. Daraufhin verhafteten ihn französische Soldaten, obwohl er sich auf bayerischem Boden befand. Am nächsten Tag, am 15. August, brachte ihn das französische Militär auf die Festung von Braunau am Inn hinter der bayerischen Grenze, in ein Gebiet, das unter alleiniger französischer Herrschaft stand. Hier kam er am 22. August an, das Verhör fand zwei Tage später statt, und am Morgen des 26. August wurde das Todesurteil vollstreckt. „Im Fall des Nürnberger Buchhändlers wäre Hilfe von außen wohl unmöglich gewesen. Schließlich wurde er nur zwölf Tage nach seiner Verhaftung hingerichtet", gibt der PEN-Vizepräsident zu bedenken. Sein Tod sollte abschreckend wirken. Deshalb ließ Napoleon die Nachricht von Palms Erschießung in einer Auflage von 6.000 Stück drucken und öffentlich plakatieren. Darauf erhob sich erneut große Empörung. Und wieder kamen zahlreiche Schriften und politische Karikaturen in Umlauf, die nun die Hinrichtung des Buchhändlers anprangerten und Napoleon kritisierten. Später fand seine Hinrichtung sogar in der preußischen Kriegserklärung vom 8. Oktober 1806 Erwähnung.

Im 20. Jahrhundert wurde der Buchhändler zudem von nationalen Kräften als Märtyrer instrumentalisiert: Adolf Hitler stilisierte Johann Philipp Palm in Reden und in *Mein Kampf* zum Nationalhelden. Um dieser nationalistischen Vereinnahmung entgegenzuwirken, wurde 2002 von einem Schorndorfer Apotheker-Ehepaar die Palm-Stiftung ins Leben gerufen und der Johann-Philipp-Palm-Preis initiiert, der in Kooperation mit Amnesty International und Reporter ohne Grenzen vergeben wird. Ursprünglich stammte Johann Philipp Palm nämlich aus Schorndorf. Sein Vater war Chirurg, seine Mutter eine Bäckerstochter. Den Beruf des Buchhändlers erlernte er mit 14 Jahren bei seinem Onkel Johann Jakob Palm in Erlangen. In Nürnberg arbeitete er in der Stein'schen Buchhandlung und heiratete Anna Katharina, die Tochter des Inhabers. Später übernahm er die Stein'sche Verlags- und Sortimentsbuchhandlung. Übrigens besteht der Erlanger Verlag Palm und Enke auch heute noch.

Eine Fotografie der Altstadtfreunde Nürnberg, wohl aus dem Jahr 1938, zeigt das Haus, in dem Johann Philipp Palm mit seiner Frau und den drei Kindern wohnte und seine Buchhandlung betrieb. Nach dem Krieg wurde anstelle des zerstörten vierstöckigen Hauses, in dem Palm gelebt hatte, ein geradliniger Neubau mit Flachdach errichtet, in dessen Erdgeschoß sich seit 1972 das Confiserie Café Neef befindet.

Maria Inoue-Krätzler

....

Hier stand Palm's Haus:

Der Buchhändler Johann Philipp Palm wohnte mit seiner Familie in der Winklerstraße 29 und betrieb im Erdgeschoss seine Buchhandlung.

Die Kleine Insel Schütt mit dem später aufgefüllten Mühlbach und dem Fischersteg war zu Beginn des 20. Jahrhunderts dicht bebaut.

Kleine Insel Schütt

Einst hieß sie „Höllenplatte"

Die Insel Schütt, auf der im Herbst das gemütliche Altstadtfest stattfindet: Ja, die kennt man natürlich. Aber von der Kleinen Insel Schütt, die inzwischen verschwunden ist und auf der früher Männer mit grünen Haaren und grünlicher Haut gearbeitet haben, wissen nur wenige – zum Beispiel Daniel Gürtler vom Verein „Geschichte für alle".

Der Historiker weiß nicht nur, wie es kam, dass die Insel keine Insel mehr ist, sondern auch, wie die seltsame Grünfärbung entstand: „In der dortigen Rotschmieddrechslermühle formten, frästen und

Heute steht dort die Studentenmensa und ein Reiter-Kunstwerk. Der Mühlbach würde durch den Speisesaal laufen. Dieser wurde 1958 mit Schutt aufgefüllt, die Kleine Insel Schütt verschwand.

polierten Handwerker Rohlinge aus Messing ab dem 16. Jahrhundert. Sie konnten so Wasserhähnen, Glocken, Schlüsselringen oder Rechenpfennigen den richtigen Schliff geben." Allerdings sorgte der feine Messingabrieb für eine grünliche Verfärbung der Beschäftigten: Es war eine sehr ungesunde Arbeit. Der Metallstaub geriet auch in die Lungen.

Jeder Facharzt würde heute die Hände über dem Kopf zusammenschlagen, wenn er die Atmungsorgane der Betroffenen noch untersuchen könnte.

    Die Handwerker hatten ein Geheimnis: Sie spannten ein fertiges Werkstück aus und wechselten es gegen einen neuen Rohling, ohne das Treibrad

„In der dortigen Rotschmieddrechslermühle formten, frästen und polierten Handwerker Rohlinge aus Messing ab dem 16. Jahrhundert."

anzuhalten, aber wie? „Das lässt sich bis heute nicht schlüssig erklären", meint Gürtler, „aber durch die unbekannte Technik konnten die Nürnberger viel schneller arbeiten und ihre Stückzahl deutlich erhöhen."

43

Ein klarer Vorteil gegenüber auswärtiger Konkurrenz. Und es dürfte auch der Grund sein, warum die Nürnberger Rotschmieddrechsler zu den „gesperrten" Berufen zählten, also zu jenen, die nicht ohne ausdrückliche Erlaubnis auf Wanderschaft gehen durften. Sonst hätten sie womöglich ihr Wissen anderswo ausgeplaudert. Eine Handwerksordnung drohte sogar mit einer Zuchthausstrafe für „Verräter".

Ein zweites technisches Geheimnis mussten die Nürnberger jedoch im 16. Jahrhundert auf Anweisung des Kaisers Maximilian I. (1459-1519) preisgeben: Es ging um den mechanischen Drahtzug, also die Herstellung von grobem Draht mit Hilfe der Wasserkraft. Sie wurde europaweit zunächst nur auf der Kleinen Insel Schütt praktiziert. Welche Apparaturen und Kunstkniffe nötig sind, dieses Wissen habe man mit der Reichsstadt Augsburg zu teilen, befand der Herrscher. Die Maschinen standen in der zweiten Mühle auf der Kleinen Insel Schütt: in der Getreidemühle am Sand mit ursprünglich 18 Wasserrädern.

Historiker Daniel Gürtler weiß, warum die Arbeiter in der Mühle an der Kleinen Insel Schütt grüne Haare hatten.

Die beiden Mühlen dominierten lange Zeit das Eiland, das zusätzlich mit Häusern eng bebaut war – eine triste Wohngegend übrigens. Dass sie im Volksmund „Höllenplatte" hieß, deutet auf kein komfortables Paradies hin: Durch die Rotschmieddrechslermühle muss es extrem heiß und laut gewesen sein.

Das sehr überschaubare Inselchen befand sich in unmittelbarer Nachbarschaft zur Insel Schütt. Exakt dort, wo heute die riesige Mensa des Studentenwerks steht. Der Mühlbach, der einst die Wasserräder angetrieben hatte, würde durch den Speisesaal und unter dem Kunstwerk des „Blauen Reiters" am Vorplatz fließen.

Die beiden Inseln sind im Mittelalter durch Sandablagerungen der Pegnitz entstanden, sie wurden später noch aufgeschüttet. Daher stammt wohl der Name. Als das angrenzende Sebalder Wohnviertel Ende des Zweiten Weltkriegs komplett zerstört war, kippte man bei den Räumarbeiten viel Schutt in den Mühlbach. Trotz der massiven Bombardierung standen übrigens neben Ruinen noch Wasserräder, die das Inferno überstanden hatten.

Die Brache blieb bis 1958 ungenutzt, dann wurde der Mühlbach um die Kleine Insel Schütt herum komplett zugeschüttet: Dadurch verschwand das Eiland und wurde Teil des Sebalder Viertels. „Der alten Pegnitz wird ein Arm amputiert", notierten die *Nürnberger Nachrichten* damals – und meinten damit den Mühlbach. Wasserschutztechniker begründeten die Notwendigkeit dieses Eingriffs mit dem unberechenbaren Hochwasser. Zwar war es durch diverse Maßnahmen nicht mehr zu einer verheerenden Überschwemmung der Altstadt wie 1909 gekommen. Doch die Fachleute wollten auf Nummer Sicher gehen. „Ein Stückchen Altnürnberger Romantik weicht den nüchternen Erfordernissen der modernen Technik", merkte die Tageszeitung an – und bei diesem „Stückchen" handelte es sich um die Kleine Insel Schütt, die der Umarmung

Noch 1957 standen etliche alte Mühlräder - auch an der Kleinen Insel Schütt. Die Mühlen waren im Zweiten Weltkrieg zerstört worden.

durch einen Teil der Pegnitz ihre Existenz verdankt hatte.

Anstelle einer Wurstfabrik mit Gasthaus und Biergarten direkt am Fluss – die Gebäude wurden 1945 vernichtet – sollte das nunmehr leere Grundstück in den 1970ern durch ein neues kulinarisches Angebot ersetzt werden. Doch der Weg zur geplanten Studentenmensa war lang, es ging um Kosten und Anwohner-Bedenken. Einige Nachbarn fürchteten, Lärm und Verkehrsbelastung würden ein „unerträgliches Ausmaß" annehmen. Nach vielen Vorstößen von Kommunalpolitikern gelang es letztlich der gemeinsamen Anstrengung von Nürnberger SPD- und CSU-Abgeordneten, den 47 Millionen Mark teuren Bau beim Freistaat Bayern als Geldgeber durchzusetzen.

Ein etwa 20 Jahre währendes Tauziehen war beendet, als 1993 zur Eröffnung Kohlrouladen, Wildgulasch, Schweinekammbraten und Vollkornnudeln serviert wurden. Bis zu 4.000 Mahlzeiten kann die Küche täglich bewältigen, teilte das Studentenwerk Erlangen-Nürnberg mit. Deren Geschäftsführer betonte aber auch, dass die Mensa „keine reine Freßstation" sei. Vielmehr solle sie das reichlich unterentwickelte Image Nürnbergs als Hochschulstadt aufpolieren. Das Studentenhaus mit Speisesälen, Cafeteria und weiteren Räumlichkeiten sowie Angeboten könne ein „Kristallisationspunkt für studentisches Flair" werden.

Künstler Johannes Brus hat auf dem Mensa-Vorplatz ein Kunstwerk mit zwei blauen Reitern aufstellen lassen, die von vier tonnenschweren Gussformen eingerahmt werden.

Vor dem Haupteingang wirbt eine Skulptur des zeitgenössischen Künstlers Johannes Brus um Aufmerksamkeit: Vier tonnenschwere eiserne Gussformen rahmen zwei blaue Reiter ein. Damit wird an geniale Maler wie Wassily Kandinsky (1866-1944) oder Franz Marc (1880-1916) erinnert, welche die innovative Kunstrichtung des „Blauen Reiters" zu Beginn des 20. Jahrhunderts geprägt haben. „In dieser Plastik treffen sich Anspielungen auf Bildvorstellungen verschiedener kultureller Herkünfte", verrät Johannes Brus und deutet auf die tibetischen Kopfbedeckungen der „Blauen Reiter". Weitere Gedanken zum Sinn des Denkmals darf sich jeder Passant selbst machen.

Eindeutiger sind dagegen Funde aus dem nunmehr zugeschütteten Mühlkanal: „Kruseler-Puppen" mit extrem gekräuselten Hauben aus dem 14./15. Jahrhundert – wie sie etwa im Spielzeugmuseum zu sehen sind. „Das waren die Barbie-Puppen des Mittelalters, ein Kinderspielzeug", meint Historiker Gürtler vom Verein „Geschichte für alle". „Ihre Kleidung war damals sehr modern. Wie sie allerdings die auffälligen Hauben mit mehreren Schleiern gebunden haben, ist mir schleierhaft", fügt er schmunzelnd hinzu. Die komplizierte Kopfbedeckung muss beliebt gewesen sein. Es gibt nämlich einen Erlass der Kölner Synode von 1360, der Nonnen das Tragen von Kruselerhauben im ganzen Deutschen Reich untersagt. Auch geistliche Frauen wollten sich offenbar schick kleiden, durften es aber nicht.

„Das waren die Barbie-Puppen des Mittelalters, ein Kinderspielzeug."

Hartmut Voigt

Hier befand sich die Kleine Insel Schütt:

Zur verschwundenen „Kleinen Insel Schütt" kommt man vom Hauptmarkt zum Hans-Sachs-Platz und weiter auf dem Leo-Katzenberger-Weg entlang der Pegnitz. Nach gut fünf Minuten zu Fuß ist man am Ziel und steht vor der riesigen Studentenmensa.

Das Viatishaus erstreckte sich über zwei Häuserblocks und war eines der prächtigsten Renaissancehäuser in Nürnberg.

Viatishaus

Nürnberg-Venedig-Connection

Bis zum 2. Januar 1945 stand an der Museumsbrücke ein prächtiger Renaissancebau: das Viatishaus. Es wurde bei einem Bombenangriff völlig zerstört. Die Fassaden des ehemals viergeschossigen Hauses aus dem 14. Jahrhundert waren über und über mit Freskomalereien verziert, Darstellungen der griechischen und römischen Geschichte. Auf der Seite zur Pegnitz hin verliefen lange Holzgalerien, das imposante Dach wurde von Dacherkern und Türmchen gekrönt. Wer hier vorbeiging, wusste sofort: Dieses Gebäude gehört einem schwerreichen Mann.

Ein Gebäude aus dem Jahr 1965 steht bei der Museumsbrücke an der Stelle, wo sich das Viatishaus befand.

Benannt wurde das Haus nach seinem prominentesten Besitzer, dem aus Venedig stammenden Kaufmann Bartholomäus Viatis (1538-1624), der einer der reichsten Männer Nürnbergs werden sollte, großen Einfluss auf das Finanzwesen ausübte und in Nürnberg mit 85 Jahren starb. „Er stammte aus einer wohlhabenden Kaufmannsfamilie und er war sehr gebildet", sagt Stadtarchivleiter Arnold Otto, der sich wegen eines umfangreicheren Projektes über Geldwirtschaft intensiv mit Bartholomäus Viatis' Wirken beschäftigt hat.

Im Jahr 1550 schickte der Venezianer Bernardo Viatis seinen zwölfjährigen Sohn Bartholomäus nach Nürnberg in eine Kaufmannslehre beim Federmacher Hans Wollandt. Hier blieb er sieben Jahre lang und arbeitete dann im Auftrag des Nürnberger Federmachers vier Jahre in Lyon. Dort knüpfte er Kontakte zu Nürnberger Handelshäusern wie Tucher und Imhoff und kehrte wieder nach Nürnberg zurück. Das war schon was, denn „man muss sich vergegenwärtigen, dass in dieser Zeit die meisten Menschen die Grenzen ihres Dorfes nicht verlassen hatten", gibt Arnold Otto zu bedenken. Wer jedoch, wie Viatis, Handel trieb, verließ die Enge des Dorfes und machte sich auf den Weg zu entlegenen Orten. „Bartholomäus Viatis hatte eine große transitorische Energie", sagt der Archivar. „Das heißt: Er beharrte nicht auf Althergebrachtem, sondern verfolgte innovative Ideen."

Es gibt einen Kupferstich von Bartholomäus Viatis aus dem Jahr 1650. Der Künstler Andreas Kohl (1624-1657) stellt den Kaufmann, in edle Stoffe und Pelz gekleidet, in einer gravitätisch in sich ruhenden Pose dar. „Ob er tatsächlich die Ruhe selbst war, ist schwerlich zu sagen", erklärt Otto. Denn Darstellungen aus dieser Zeit repräsentierten mehr einen bestimmten Typus und gäben nicht unbedingt einen individuellen Charakter wieder. Ob er nun in sich ruhte oder nicht, klar ist, er war durch und durch ein kluger Kaufmann und Unternehmer. Zwischen 1569 und 1570 erwarb er das Bürgerrecht, heiratete die Witwe Anna Scheffler, gründete eine eigene Handelsgesellschaft und kaufte das Haus an der Museumsbrücke. Er erweiterte das Gebäude mehrmals, das zuvor Familien wie den Weigels, den Hirsvogels und den Beheims gehört hatte. Dazu integrierte er ein benachbartes Gebäude in sein Domizil und verlieh ihm sein grandioses Aussehen. Hier arbeitete er, hier lebte er mit seiner Familie. Viatis handelte mit Leder, Leinwand, Straußenfedern, Gewürzen und Metallwaren, zum Beispiel Montan- und Drahtzieherprodukten. Dazu kamen der Textilhandel und Kreditgeschäfte. Später fusionierte seine Handelsgesellschaft mit der seines Schwiegersohnes Martin Peller, der Viatis' Tochter Maria geheiratet hatte. Es entwickelten sich wirtschaftliche Beziehungen nach Polen, Thüringen, den Niederlanden, den Alpenvorländern und Italien. In Sachen Wirtschaft war Bartholomäus Viatis ein äußerst kreativer Kopf. Das kam nicht nur ihm, sondern auch der Allgemeinheit zugute. Auf seine Initiative hin wurde in Nürnberg der „Banco Publico" ins Leben gerufen. „Wenn wir heute mit unserer Girokarte auch nur kleine Beträge begleichen, ist das eine Selbstverständlichkeit. Ebenso natürlich, wenn wir größere Geldbeträge überweisen. Damals wurden diese Zahlungsgeschäfte in großen Büchern festgehalten und der bargeldlose Zahlungsverkehr entwickelt", erklärt Arnold Otto. Also hat Bartholomäus Viatis bei der Entwicklung des Girozahlungsverkehrs in Nürnberg Pionierarbeit geleistet.

Die Nürnberger Kaufmannszüge waren immer in Gefahr, von Raubrittern überfallen zu werden, wobei große Geldsummen erbeutet werden konnten. Eine bargeldlose Zahlungsabwicklung war dagegen viel sicherer. Viatis kannte den Girozahlungsverkehr bereits aus Venedig. Zudem war in der Zeit des Dreißigjährigen Kriegs die Qualität des Münzgelds schlechter geworden. Besonders in der sogenannten Kipper- und Wipperzeit, in den Jahren zwischen 1620 und 1622, war es fraglich, welchen Silbergehalt die jeweiligen Münzen wirklich hatten. Mit einem bargeldlosen Zahlungsverkehr konnten die Kaufleute diese Unwägbarkeiten umgehen. Die Handelspartner zahlten im jeweiligen „Banco" ihrer Heimatstadt eine gewisse Summe ein, die in Büchern verzeichnet wurde. „Darüber wurde eine Urkunde ausgestellt, gegen die bei einer anderen kooperierenden Bank der entsprechende Betrag wieder abgehoben werden konnte", erläutert der Stadtarchivar.

Ab einer Summe von 200 Gulden waren die Kaufleute sogar verpflichtet, den Zahlungsverkehr bargeldlos über den Banco Publico abzuwickeln. Dieser wurde von einem Gremium aus Ratsmitgliedern und Marktvorstehern der Börse überwacht. Das Bancoamt befand sich damals in den Kellergewölben des Nürnberger Rathauses. Die Gründung des „Banco Publico" verhalf der Stadt im 17. Jahrhundert dazu, den Anschluss an andere große Finanzplätze zu halten und beförderte den Handel mit europäischen Städten.

Auf dem Platz des Viatishauses steht seit 1965 ein großer Häuserblock in geradlinig-sachlicher Architektur, der ab dem ersten Stockwerk mit einem aus dem Alpenvorland stammenden Naturstein verkleidet ist, dem rötlich-grauen Nagelfluh. Dort sind jetzt Geschäfte, wie lange Zeit Spielwaren Obletter und danach Thomas Sabo, beheimatet.

Maria Inoue-Krätzler

....

Hier stand das Viatishaus:

Es befand sich in der Nähe der Museumsbrücke an der Kaiserstraße 2.

Die Hauptpost am Hauptbahnhof mit Nachkriegsanbau und – nur schwer erkennbar – dem anschließenden Rundbau im Jahr 1959.

Hauptpost

Früher Briefe, heute Gäste

Die einstige Oberpostdirektion – die spätere Hauptpost – am Hauptbahnhof kannte fast jeder Nürnberger. Nach der Arbeit stürzte man noch an die Schalter im Erdgeschoss, um abends schnell einen Brief, eine Postkarte oder ein Päckchen auf den Weg zu bringen.

Rainer Eck hatte eine besondere Beziehung zum dem mächtigen, markanten Kopfbau, der 2018 abgerissen wurde: Der gelernte Fernmeldehandwerker und seine Kollegen wurden gerufen, wenn die Telefone dort wieder einmal streikten. Die Schaltzentrale war zwar im

Anstelle der alten Hauptpost stehen nun zwei neue Hoteltürme direkt neben dem Haupt-bahnhof. Im Hintergrund ist noch ein kleiner Teil des erhaltenen Rundbaus zu sehen.

Keller, doch sie mussten auch in die Stockwerke darüber zu den Post-Beschäftigten. Da konnte Eck mit dem offenen Paternoster hinauffahren, das Aufspringen war eine kleine Mutprobe. Später wurden diese Aufzüge aus Sicherheitsgründen verboten. Der Techniker reparierte nicht nur rauschende Telefone und gestörte Leitungen. „Wir wurden auch gerufen, wenn die ‚hohen Herren' im heißen Sommer ihre Zimmer wechseln wollten – dorthin, wo es angenehm kühl war", berichtet Eck, der dann die Anschlüsse umschaltete, „und ihre Assistenten mussten dafür ihre Büros räumen. Im Winter erfolgte der Umzug zurück in die nun helleren Zimmer."

Unvergesslich ist ihm die Badeanstalt im angrenzenden „Rundbau", der aus dem Jahr 1914 stammt und heute noch existiert. Er heißt im Volksmund so, eigentlich ist es nur ein Viertel-Rundbau, der an der Bahnhofstraße/Allersberger Straße um die Ecke biegt. Dort konnten Postbeschäftigte für 50 Pfennig ein Dusch- oder Wannenbad nehmen. Sie erhielten ein Handtuch und Fichtennadel-Shampoo dazu. In Zeiten, als noch nicht jede Wohnung ein funktionierendes Bad hatte, war das ein willkommener Service.

Postarchitekt Johann Kohl hatte den Kopfbau am Hauptbahnhof 1931 als Bau der Moderne und der Neuen Sachlichkeit geplant. Das Grundgerüst bildete ein Stahlskelettbau, das Hochhaus sollte eine streng kubische Silhouette erhalten. Bei der Machtergreifung der Nationalsozialisten war das Stahlgerüst des imposanten Gebäudes fast fertig. Doch weil das Hochhaus an zentraler Stelle stand, ließ NS-Gauleiter Julius Streicher (1885-1946), ein erklärter Feind des Neuen Bauens, die Optik kurzerhand ändern. Das Erdgeschoss bekam hohe Rundbogenarkaden, die Fassade wurde mit Sandsteinplatten verkleidet und statt eines flachen gab es ein steiles Dach. Nicht zu vergessen: Ein bedrohlich großer Reichsadler blickte an der Hausecke zum Bahnhofsplatz auf die Passanten herab. Im Zweiten Weltkrieg wurde der große Postkomplex an der Bahnhofstraße schwer beschädigt. Der Wiederaufbau orientierte sich an den ursprünglichen Plänen Johann Kohls, sodass beim Kopfbau eine Verknüpfung aus Neuer Sachlichkeit und nationalsozialistischer Architektur entstand. Insgesamt kam es zu einer zusammengestückelten Mixtur aus drei Elementen: dem Kopfbau, einem angrenzenden – uninteressanten – Nachkriegsgebäude mit Schließfächern für die Allgemeinheit und dem Rundbau.

Es war ein eingespieltes Zubringer-System: Am Hauptbahnhof kamen täglich die Züge mit Briefpost an, Postbotinnen und Postboten ordneten sie im Nachkriegsbau und im angrenzenden Rundbau. Wegen der schwachen Statik hingen überall Warnschilder aus: „Dieser Raum darf nur bis 250 Kilogramm/qm belastet werden." Die Transportkarren mit Briefen, Postkarten und Wurfsendungen sollte man daher viele Jahre lang nur halb befüllen – eine dienstliche Anweisung. Mit voll beladenen Taschen verließen morgens die Briefträger in Scharen den Postbau. So ging das bis in die 1990er, dann zog das Personal in das neue Briefzentrum Langwasser um. Nur die Hauptpost im Erdgeschoss des Kopfbaus hielt weiter die Stellung, die restlichen Gewerbeflächen standen seit 1994 weitgehend leer. Immer wieder klopften Investoren beim zuständigen Immobilien-Verwerter an: Schließlich ist ein derartiges Gelände in zentraler Lage einmalig! Die Nachbarschaft zum Hauptbahnhof, die optimale Anbindung an U- und Straßenbahn lockte Betreiber von Hotelketten geradezu an. Von hier aus kommt man mit der U-Bahn in wenigen Minuten zum Messegelände Langwasser – oder in anderer Richtung zum Flughafen. Außerdem liegt die Altstadt direkt vor der Nase.

Das Rennen machte das Münchner Unternehmen Hubert Haupt Immobilien mit seinem Projekt „Tafelhof Palais", das 49.000 Quadratmeter Nutzfläche aufweist. Zwei riesige Hoteltürme mit insgesamt 797 Zimmern, Restaurant, Skylounge, Tagungszentrum und Ballsaal sind entstanden. Außerdem sind auf dem Areal Einzelhandel und moderne Büros untergebracht, die das Unternehmen „Design offices" betreut. Der denkmalgeschützte Rundbau blieb stehen – wenn auch vollkommen entkernt und neu gestaltet. Abgerissen wurden der Nachkriegsbau, dem keiner eine Träne nachweinte; aber auch der Kopfbau mit der Hauptpost im Erdgeschoss musste 2018 weichen. Dagegen gab es lautstarken Widerstand: Verschiedene Gruppen wie der „Verein Bau-Lust", „Stadtbild Initiative Nürnberg", „Geschichte für Alle", „Verein Altstadtfreunde" und die Stadtheimatpflegerin äußerten ihren vehementen Protest. Eine Petition für den Erhalt blieb ohne Erfolg.

Stattdessen ragen seit 2021 die beiden Hotels „Motel One" und „Leonardo Royal" in den Himmel, das Gesamtprojekt mit weiteren Büroflächen nennt sich „Tafelhof Palais". Mit der Eröffnung im Jahr 2021 wollte man eine punktgenaue Landung hinlegen. Dass ausgerechnet die Corona-Pandemie einen rauschenden Start mit Eröffnungsparty verhagelte, konnte bei der Planung niemand wissen. Doch die Hotelbetreiber geben sich optimistisch: Angst vor Überkapazitäten an Hotels haben sie nicht, auch wenn sich nun an der Bahnhofstraße ein Beherbergungsbetrieb neben dem anderen wie auf einer Perlenkette aufreiht – alle sind in den vergangenen Jahren entstanden.

Hartmut Voigt

....

Hier befand sich die Hauptpost:

Wer direkt auf den Hauptbahnhof schaut, sieht links die riesigen Hoteltürme. Dort befand sich einst die Hauptpost.

Im Hans-Sachs-Theater in der Galgenhofstraße liefen in den 1960er-Jahren vor allem Western.

Adonia, Hans-Sachs & Co.

Die Ära des Pantoffelkinos

In den 1950er- und 1960er-Jahren gab es in Nürnberg zahlreiche Vorstadtkinos: das „Diana" am Dianaplatz, das „Hans-Sachs-Theater" – hier liefen Dick&Doof-Filme und vor allem Western –, den nach den Gebrüdern Bieber benannten „Bieberbau" in der Sulzbacherstraße, das „Ostend" in der Ostendstraße, das „Central-Theater" in der Wiesenstraße sowie die „Humboldtlichtspiele" in der Humboldtstraße. Einige dieser Kinos besuchte der heutige Filmkritiker Herbert Heinzelmann als Bub oder Jugendlicher, wenn er mit Freunden unterwegs war, die in der Nähe wohnten. Die meisten Kinos

Statt Kinokarten werden nun in den alten Räumlichkeiten des „Hans-Sachs-Theaters„ Getränke verkauft.

sind verschwunden, doch die Bauten stehen zum Teil noch, freilich mit veränderter Funktion.

Ein interessantes Beispiel ist das „Hans-Sachs-Theater". Wo früher Westernhelden über die Leinwand spazierten, kann man jetzt fränkische Biersorten kaufen. In den 1960er-Jahren kam hingegen die Stadtprominenz gerne zu Filmvorführungen hierher. Auch der Oberstaatsanwalt, der den gleichen Namen trug wie der Stadtdichter Hans Sachs, ging hier mit Vorliebe ins Kino, vielleicht schon deshalb. Bekannte Sportler gaben sich ebenfalls die Ehre. Fußballtrainer Max Merkel schaute zusammen mit den Spielern des 1. FCN, sozusagen als gruppendynamische Maßnahme, nach jedem Heimspiel Filme im Hans-Sachs-Kino an. Der Plan, damit den Zusammenhalt zu fördern, ging auf: 1968 errang die Elf des 1. FCN unter Merkel die Deutsche Meisterschaft, was Merkel den Titel „Meistermacher" einbrachte.

Filmkritiker Herbert Heinzelmann hingegen hat vor allem an das „Adonia" Erinnerungen. Es war 1956 eröffnet worden und trug zunächst den klangvollen Namen *Adlon*. Diese Namensgleichheit passte allerdings den Erben der gleichnamigen Hoteldynastie nicht, sodass das Kino aufgrund eines Rechtsstreits den Namen in *Adlonia* und später in *Adonia* umändern musste. Der Bauherr, Dr. Rudolf

Fleischmann, hatte das Haus in den 1950er-Jahren – als eine Kombination von Mietshaus und Kinosaal im Erdgeschoss – errichten lassen. Heute erinnert sich kaum jemand noch an das Kino, doch für Heinzelmann steckt es voller persönlicher Erinnerungen. Entdeckt hat er es eines Tages auf dem Weg zum sonntäglichen Kindergottesdienst. Bereits zuvor hatten ihn seine Eltern in ein anderes Kino mitgenommen, ehe sie nach Nürnberg zogen. Aber in das Vorstadtkino in der Nürnberger Südstadt konnte der damalige Grundschüler alleine in die Nachmittagsvorstellungen gehen. Jeden Sonntagnachmittag verbrachte er fortan im flauschigen Kinosessel des Adlon-Adlonia-Adonia-Kinos. Dieses erweiterte Wohnzimmer eröffnete dem damals Zehnjährigen, wie auch vielen seiner Kameraden, den Blick in die große weite Welt, denn einen eige-

Gegenwärtig befindet sich im Adonia-Kino ein Ein-Euro-Shop.

nen Fernseher besaßen in der Zeit nur sehr wenige. „Meine Welt reichte bis an die Grenzen von Bayern. Weiter weg sind wir in den Urlauben nicht verreist. Die Kinoleinwand hat die Perspektive ungemein erweitert."

Und zwar nicht nur die von Herbert Heinzelmann: Vor dem Kino standen stets zahlreiche Kinder Schlange und warteten auf den Einlass. Magisch war es, wenn im Kinosaal das Licht langsam gedimmt wurde und sich der Vorhang vor der Leinwand öffnete. „Ich habe diese kleine Inszenierung sehr geliebt", sagt Herbert Heinzelmann. Zu seiner großen Freude nahmen es die Kinobesitzer mit der Altersbeschränkung nicht immer ganz genau, sodass er auch Filme sehen konnte, die für ältere Augen bestimmt waren. Was er sah, hat ihn so nachhaltig beeindruckt, dass er als Junge manche Szenen nachspielte und später den Beruf des Filmkritikers wählte.

Herbert Heinzelmanns Begeisterung fürs Kino wurde in einem Pantoffelkino in der Südstadt geweckt.

Mit dem Einzug der Fernseher in die heimischen Wohnzimmer begann schließlich der Niedergang der kleinen Kinos. Als Heinzelmann eines Tages im Sommer 1960 vor verschlossenen Türen stand, war er richtig geschockt, so sehr war das Kino Bestandteil seines Alltags, seines Lebens geworden. Doch die Besucherzahlen waren in den Keller gegangen, sodass der Hauseigentümer das Angebot der Augsburger Lebensmittelgroßhandlung Bernhard Müller annahm, die große Räume für ein Geschäft suchte: Am bisherigen Ort des Kinos entstand Nürnbergs erster Supermarkt.

„Das Adonia-Kino war nur das erste Kino in Nürnberg, das die Träume von Eros und Abenteuer gegen Schnittkäse in Klarsichtfolie eintauschte", resümiert Herbert Heinzelmann.

Maria Inoue-Krätzler

Hier stand das Adonia-Kino:

Es befand sich in einem Wohnhaus in der Alberichstraße 9. Das Hans-Sachs-Theater war in der Galgenhofstraße 60 beheimatet.

Der Haupteingang des Kriegsgefangenenlagers wurde mit einem Wachturm gesichert.

Kriegsgefangenenlager
Düstere Vergangenheit im Stadtteil Langwasser

Auf einer Wiese neben dem Bürgersteig sitzen vier Personen – wie beim Picknick. Langwasser ist ein grüner Stadtteil im Südosten Nürnbergs, mächtige Bäume ragen in den Himmel. Man könnte es sich also auf dem Grasstreifen gemütlich machen. Doch das Quartett ist nicht da, um die Frühlingssonne zu genießen. Seniorin Albina Smirnova ist mit ihrem Enkel Michail Petrov und zwei Begleiterinnen auf Spurensuche. Wie sieht der Ort aus, an dem ihr Vater, der russische Kriegsgefangene Michael Smirnov, 1944 bei einem Fluchtversuch erschossen wurde? Wo die Besucher

Albina Smirnova sitzt mit ihrem Enkel Michail Smirnov und zwei Begleiterinnen auf einer Wiese in Langwasser. Hier war früher der Haupteingang zum Gefangenenlager.

aus St. Petersburg auf dem Rasen sitzen, befand sich im Nationalsozialismus der Haupteingang zu einem riesigen Lager für Kriegsgefangene. Von Wachtürmen aus hatten die bewaffneten Schützen einen Überblick über das Gelände.

Nicht alle Gefangenen waren in diesen Unterkünften untergebracht, unzählige russische Soldaten mussten in Zelten den Winter überstehen. Der umzäunte Komplex umfasste mehrere Lager. Für das Hauptlager war die Wehrmacht zuständig. Es befand sich auf dem Areal, das die Nationalsozialisten zuvor für ihre Reichsparteitage genutzt hatten. Doch von den Holzbaracken, Wachtürmen und Zäunen ist heute nichts mehr zu sehen, alles wurde abgerissen und eingeebnet.

Albina Smirnova ist eigens aus Russland angereist, um ein Gespür für die letzten Lebensmomente ihres Vaters zu bekommen. Es war ihr ein Anliegen, die Erde am einstigen Haupteingang zu berühren. Als Andenken nahm sie einige Eicheln und Zapfen mit nach Hause. „Viele

Angehörige von Kriegsgefangenen aus Russland, Polen und vor allem aus Italien kommen hierher, das sind für sie extrem wichtige Momente", erzählt Historikerin Hanne Leßau, die den wissenschaftlichen Band *Das Reichsparteitagsgelände im Krieg* herausgegeben hat. Darin schildern sie und ihre Kollegen, wie hart das Lagerleben für die mehr als 100.000 Kriegsgefangenen gewesen ist. Viele haben die Torturen der Kälte, der körperlichen Erschöpfung, der mangelhaften Ernährung und der schlechten medizinischen Versorgung nicht überstanden. Etwa 5.000 Gefangene sind auf dem Nürnberger Südfriedhof begraben.

Der deutsche Wachmann Otto Madl beschreibt die grausamen Zustände in einem erschütternden Brief vom Dezember 1941 an seine Familie: „Wie es hier zugeht, ist ein Bild des Grauens und Schreckens und [ich] kann es euch im Brief nicht so schildern. Die gefangenen Russen fallen nur um, dann sind sie tot. Die werden ganz nackt auf den Wagen geworfen und abends werden sie eingegraben. Einige Fälle sind vorgekommen, dass sie einige auffraßen […] Die fressen von den Toten die Schenkel. Wieder einige haben andere abgeschlachtet, dann haben sie Herz und Lunge raus [gerissen] und haben sich eine Mahlzeit bereitet […] Ich glaube, da herrscht die Ruhr und Hungertyphus, sonst könnten nicht so viele sterben."

Polnische Kriegsgefangene stehen im Winter 1939 vor einer Küchenbaracke des Kriegsgefangenenlagers.

Es war die Folge der Mangelernährung, wobei dieses Wort die völlig unzureichende Versorgung mit Essen nur beschönigend beschreibt. Die Zuteilung von Lebensmitteln wurde 1942 besser – aber nur, weil die Kriegsgefangenen dringend als Zwangsarbeiter gebraucht wurden – zum Beispiel in Rüstungsbetrieben, deren Produkte dann unter anderem gegen ihre eigenen Landsleute eingesetzt wurden.

Deutsche Arbeitskräfte dienten als Soldaten im Krieg und fehlten deshalb in der Produktion – im Oktober 1942 waren daher in Nürnberg fast 11.000 sowjetische Kriegsgefangene beschäftigt, unter anderem bei Siemens, Zündapp und MAN.

Bei dem riesigen Lager auf dem einstigen Reichsparteitagsgelände befand sich auch der Bahnhof Märzfeld. Er ist im Gegensatz zum Kriegsgefangenenlager erhalten. Von hier aus wurden über 1.900 fränkische Juden mit Zügen in den Tod geschickt: nach Riga in Lettland, nach Izbica in Polen und nach Theresienstadt in Tschechien. Die an der Deportation beteiligten Deutschen zeigten später in der Regel keinerlei persönliche Reue, stellt ein Historiker in dem Band *Das Reichsparteitagsgelände im Krieg* ernüchtert fest.

Historikerin Hanne Leßau hat sich intensiv mit dem Kriegsgefangenenlager beschäftigt.

Ab 1946 nutzte die „Nothilfe- und Wiederaufbauverwaltung der Vereinten Nationen" die noch intakte Infrastruktur zur Unterbringung heimatloser Ausländer, den sogenannten „displaced persons", auch kurz DP genannt. Anfangs hielten sich hauptsächlich Letten und Esten in den etwa 70 Unterkünften des Lagers auf, weshalb es den Namen „Valka-Lager" erhielt. Die Bezeichnung stammt von der lettisch-estnischen Grenzstadt Valka, die durch den Ersten Weltkrieg in zwei Teile getrennt worden war.

Später wohnten hier 4.300 Menschen aus 28 Nationen in zum Teil primitivsten Unterkünften. Bis zu vier Bewohner drängten sich in den zehn Quadratmeter kleinen Zimmern, zwölf Menschen teilten sich einen Wasserhahn und eine Toilette. Kein Wunder, dass es unter den bedrückenden, trostlosen Verhältnissen immer wieder zu Streit, heftiger Gewalt und Kriminalität kam. Ein zentrales Problem war die

Arbeitslosigkeit: Im Jahr 1951 hatten von 2.300 Insassen nur 320 eine bezahlte Beschäftigung. Die Schriftstellerin Natascha Wodin wuchs im Valka-Lager auf und beschrieb die unhaltbaren Zustände und den Mangel an Privatsphäre eindrücklich: „Die Baracke ist wie ein Bienenstock. Eine Wabe neben der anderen. Jede angefüllt mit Geräuschen von Kindern, Arbeitslosen, Betrunkenen, schreienden Frauen, wenn sie geschlagen werden. Ob sich jemand nebenan schneuzt, ob er rülpst, furzt, schnarcht oder stöhnt, alles fließt ein in den großen Topf des Barackendaseins."

Gegen den Widerstand der Stadt Nürnberg, die das Valka-Lager auflösen und den neuen Stadtteil Langwasser bauen wollte, wurde die Barackensiedlung zum Sammellager für Asylsuchende und illegal Eingereiste umgebaut. Es war der Vorläufer des Bundesamts zur Anerkennung ausländischer Flüchtlinge, das seinen Verwaltungssitz heute als Bundesamt für Migration und Flüchtlinge in der ehemaligen Nürnberger Südkaserne hat.

Bewohner des Valka-Lagers – sogenannte displaced persons, heimatlose Ausländer - bekommen 1949 Überzüge für die Strohsäcke.

Schon seit 1948 hatten Wohnungsbaugesellschaften auf dem Langwasser-Areal erste Häuser erstellt, um die drückende Wohnungsnot der Nachkriegszeit zu lindern. Nach den Plänen der Architekten Franz Reichel (1901-1965), Hermann Scherzer (geb.1926) und dem Landschaftsarchitekten Hermann Thiele (1908-1993) fand ab 1957 eine systematische, geordnete Bebauung statt. Neben Hochhäusern und Mietblocks entstanden auch Reihenhäuser, um eine breite soziale Mischung der Bevölkerung zu erreichen. „Das ist gelungen", meint Kristina Brock, Vorsitzende des Bürgervereins Langwasser. Sie ist vor allem von dem vielen Grün im Viertel begeistert: „Das ist total super." Heute leben rund 35.000 Menschen in Langwasser. Neben der deutschen Bevölkerung stammen viele Bewohner aus Polen, Russland, Rumänien oder sind deutschstämmige Spätaussiedler, die im „Haus der Heimat" ihren Treffpunkt haben. In den letzten Jahren sind zahlreiche arabisch-sprechende Flüchtlinge dazugekommen.

Die Siedlung im Südosten Nürnbergs ist überaltert: Die Bewohner bleiben eben gern in ihrem Stadtteil, meint Kristina Brock. Sie ist 1960 hier geboren worden und hat ihre Kindheit und Jugend in Langwasser verlebt. Damals habe sie allerdings oft gehadert und ist deshalb später weggezogen – aber auch wieder zurückgekehrt: „Die Nachbarschaft ist gut, mir gefällt die soziale Mischung."

An das verschwundene Kriegsgefangenenlager, das der Bebauung gewichen ist, erinnern einige Tafeln. „Doch das ist zu wenig, zumal sie nur in Deutsch verfasst sind", meint Historikerin Hanne

„Die Nachbarschaft ist gut, mir gefällt die soziale Mischung."

Leßau, „die Angehörigen einstiger Kriegsgefangener verstehen meist kein Deutsch." Eine App zur Geschichte des Areals fände sie sehr hilfreich.

Hartmut Voigt

....

Hier befand sich das Kriegsgefangenenlager:

Der Eingang war an der Ecke Jauerstraße/Bunzlauer Straße im Stadtteil Langwasser.

Am 22. Oktober 1900 eröffnete Emil Meßthaler unweit der Theatergasse sein Intimes Theater in der Johannesgasse.

Intimes Theater

Skandale im Avantgarde-Theater

„**M**eßthalers Intimes Theater" sorgt für einen Skandal! Die Uraufführung von Frank Wedekinds Stück *Die Büchse der Pandora* in Nürnberg 1904 provozierte und polarisierte. Konservatives Bürgertum und künstlerische Avantgarde beschimpften sich gegenseitig und schrien aufeinander ein. Impressario Emil Meßthaler (1869-1927) trat auf die Bühne und versuchte, das aufgebrachte Publikum zu beruhigen: Er hätte doch in Zeitungsartikeln zuvor auf den Charakter des Stückes hingewiesen und vor allem die Damen vor dem Theaterbesuch gewarnt. Am nächs-

An der Ecke Johannesgasse/An der Sparkasse ist seit 1989 das Café „Cartoon" beheimatet, ein überregional bekannter Treffpunkt der queeren Szene.

ten Tag wurde *Die Büchse der Pandora* verboten. Das Drama durfte nur noch in geschlossenen Privataufführungen gezeigt werden. Dennoch blieb es eine Weile lang Stadtgespräch. „Wegen seines Programms besaß das Intime Theater bis in die Zeit der Weimarer Republik deutschlandweit den Ruf einer mutigen avantgardistischen Bühne", erklärt Julia Kempken. Sie leitet das „Theater rote Bühne" in Nürnberg, welches sie 2006 gegründet hat. Als Schauspielerin, Tänzerin, Sängerin und selbst Autorin von Theaterstücken hat sie sich ausführlich mit dem Intimen Theater beschäftigt. Sie weiß: Der Schauspieler und Regisseur Emil Meßthaler hatte am 22. Oktober 1900 im ehemaligen Varieté Wolfsschlucht sein Intimes Theater unweit der Theatergasse und damit in der Nähe des alten Stadttheaters eröffnet. Dazu hatte er drei benachbarte Häuser aufgekauft und umgebaut.

„Meßthalers Intimes Theater inmitten der Altstadt wäre ein idealer Spielort für unsere rote Bühne gewesen", sagt Julia Kempken und blickt auf Fotos des Hauses im Gründerzeitstil. Mit seiner neobarocken

Architektur und den turmartigen Aufbauten, die die Fassade einfassten, machte es schon etwas her. Auch der Zuschauerraum war in diesem opulenten Stil gehalten. Die Balkone des ersten Ranges waren weiß gestrichen und mit dezenten Goldverzierungen versehen, die Sitzplätze hatten einen edlen, roten Samtbezug. „Dort gab es ein großes, elegant ausgestattetes Foyer mit einer Bar und im Erdgeschoss ein Restaurant." Der Theatersaal besaß 500 Plätze, was in der damaligen Zeit relativ klein war, daher der Name. Er bezog sich auch auf August Strindbergs Theater-Konzept eines konzentrierten „Seelenstücks" mit nur wenigen Personen auf einer sparsam möblierten Bühne. Dazu entstanden um 1900 in mehreren Städten Intime Theater, meist kreisten die dort aufgeführten Stücke um familiäre Themen. Der Traum, einmal dort spielen zu dürfen, kann sich für Julia Kempken freilich nicht erfüllen – das Theater gibt es längst nicht mehr. Aber: Sie hat für ihr „Theater rote Bühne" ein revueartiges Stück über die wilden 1920er-Jahre Nürnbergs geschrieben, in dem auch eine Szene in Meßthalers Intimem Theater stattfindet. Gezeigt wird eine Probenszene zur *Dreigroschenoper*, hatte doch Bert Brechts Stück 1929 in Meßthalers Intimem Theater seine Nürnberger Uraufführung und nicht etwa im konservativen Stadttheater.

„Emil Meßthaler war der Sohn eines Hotelbesitzers und stammte aus Landshut", erzählt Julia Kempken. 1894 gründet er das Gastspielensemble „Theater der Moderne", mit dem er durch verschiedene Städte tourt. Dabei tritt er selbst als Schauspieler auf und liebt es, dekadente und pathologische Charaktere zu verkörpern. Seit 1895 ist er befreundet mit dem Enfant Terrible der Theaterliteratur: Frank Wedekind. „Meßthaler war ein sicherlich gescheiter Kopf", aber „ein von wenigen geliebter und von vielen gemiedener Mann des Theaters", so beschrieb ihn Hermann Sinsheimer (1883-1950), ein zeitgenössischer Journalist und Theaterkritiker. Noch vor seiner Nürnberger Zeit gründet er im September 1896 in München das „Deutsche Theater". Das geht allerdings schief: Schon vor dem Spielbetrieb gönnt er sich ein großzügiges Direktorengehalt, die ersten Vorstellungen ziehen jedoch nur wenig Publikum an. Noch im selben Jahr wird er von seinen Geldgebern fristlos entlassen. In Nürnberg läuft es besser. Zumindest zeitweise.

Als in den 1920er-Jahren in seinem Intimen Theater berühmte Schauspieler wie Curt Goetz (1888-1960), Heinrich George (1983-1946) oder Grethe Weiser (1903-1970) auftreten, ist Emil Meßthaler selbst nicht mehr in Nürnberg. Der umtriebige Theatermann verpachtet das Intime Theater, verlässt die Stadt bereits 1908 wegen andauernder Zensurstreitigkeiten und geht mit seiner Theatertruppe auf Tournee. Bald darauf gründet er in München die exklusive Kabarettbühne „Bonbonnière", von der er sich bereits 1911 wieder zurückzieht.

Nach Meßthalers Weggang aus Nürnberg bekam das Publikum des Intimen Theaters unter verschiedenen Theaterdirektoren weiterhin immer wieder anspruchsvolle avantgardistische Stücke zu sehen, wie 1928 Ernst Tollers *Hinkemann* oder 1930 Carl Zuckmeyers *Rivalen*. Doch wurden in der Zeit der Weimarer Republik neben ambitionierten zeitgenössischen Dramen auch vermehrt Komödien und Schwänke gespielt, um das Theater zu finanzieren. So stand in der Spielzeit 1921/22 *Liselotte von der Pfalz* von Rudolf Presber und Leo Walter Stein allein 40 Mal, also praktisch ununterbrochen, auf dem Spielplan. Dazwischen war auch „seichte Unterhaltungsware mit erotischem Einschlag" zu sehen, wie die *Fränkische Tagespost* damals urteilte. In der Spielzeit 1931/32 traten die finanziellen Probleme des Theaters immer deutlicher zutage, sodass es Insolvenz anmelden musste. „1933 ließ Julius Streicher den in seinen Augen missliebigen ‚Zersetzungsherd' sofort schließen", berichtet Julia Kempken.

Ab 1936 mietete das Ofenhaus Hirsch das Gebäude und richtete im ehemaligen Theatersaal einen Ausstellungsraum ein. Danach konnte niemand etwas mit dem Bauwerk anfangen – so wurde es 1969 abgerissen. Wer jetzt durch die Johannesgasse geht, weiß meist nicht, dass sich hier einst ein Privattheater von überregionaler Bedeutung befand.

Maria Inoue-Krätzler

....

Hier stand „Meßthalers Intimes Theater":

Es befand sich an der Ecke Johannisgasse/An der Sparkasse.

Der Nürnberger Galgen findet sich als Zeichnung in der Chronik des Gastwirts Wolf Neubauer.

Galgen

Ort eines grausamen Verbrechens

Der Nürnberger Gastwirt und Weinschenk Wolf Neubauer zeigt in seiner zu Beginn des 17. Jahrhunderts verfassten Chronik auch Darstellungen von Hinrichtungen. So notiert er zu einem kolorierten Bild, dass am 13. Februar 1584 fünf Männer am Galgen ihr Leben lassen mussten. Der Nürnberger Henker Franz Schmidt hielt hierzu in seinem Diensttagebuch fest: „Fünf dieb, [die] eingebrochen und gestolen und zuvor mit ruten ausgestrichen wordten [… haben] gar nichts betten können und sind in keine kirchen kommen, darunter der älteste 22, 17, 16, 15 und der

*Auf dem Grundstück des früheren Galgens steht heute ein
Apartment-Haus mit über 200 Wohnungen.*

jüngste 13 jahr, allhie alle 5 zu Nürnberg mit dem strang gericht." Hauptgründe für ein Todesurteil durch den Rat der Stadt waren damals Mord, Totschlag, Vergewaltigung, Kindsmord und Raub. Bei Einbruch und Diebstahl gab es dagegen einen Ermessensspielraum. Hat bei den Fünfen eine Rolle gespielt, dass sie zum einen Wiederholungstäter waren und zudem weder ein Gebet kannten noch eine Kirche besucht haben – was für die Menschen jener Zeit sehr ungewöhnlich war? Das geht aus dem Buch des Henkers zwar nicht explizit hervor. Aber es ist für ihn so auffällig gewesen, dass er es erwähnt. Entscheidend für ein Todesurteil war das Geständnis. Ob es unter der Folter erfolgte, spielte keine Rolle, denn Gewalt galt in diesem Fall als legitim. Der Mensch musste seine Schuld eingestehen: Falls er sein Geständnis widerrief, ging die Tortur wieder von vorne los.

Der Nürnberger Galgen stand vor den Stadtmauern, abseits der städtischen Zivilisation. Zeichnungen zeigen einen kahlen, sandigen Hügel mit einem Holzgerüst. „Die Hinrichtungen waren ein öffentliches Schauspiel, sie hatten fast Volksfest-Charakter. Es war ein Bruch mit dem Alltag", erklärt Stadtarchäologin Melanie Langbein, „die Grausamkeit, die Schaulust und Freude an Gewalt zeigt die dunkle Seite der menschlichen Psyche. Andererseits gab es auch Lernprozesse dabei nach dem Motto: ‚Wenn ich jemanden umbringe, kann es mir genauso ergehen'." Die Getöteten nahm der Henker nicht ab, er ließ sie als abschreckendes Beispiel hängen und überließ sie den Tieren zum Fraß. Die Obrigkeit wollte mit dieser drastischen Maßnahme zur Einhaltung der Gesetze mahnen. „Manchmal war die Verwesung aber so weit fortgeschritten, dass der Henker und seine Gehilfen die Toten herunterholten und in der Umgebung eingruben", berichtet Langbein.

Auch schnitten manche Angehörigen die Hingerichteten nachts heimlich vom Strick und bestatteten sie notdürftig. Meistens geschah dies in der direkten Umgebung hinter den heutigen Bahngleisen, manchmal etwas weiter weg. So kam es 2018 zu einem größeren Polizeieinsatz, weil ein Baggerführer auf einem zwei Kilometer entfernten Baugrundstück auf Skelettreste gestoßen war. War man hier einem Gewaltverbrechen auf der Spur? Mitarbeiter des Kriminaldauerdiensts sperrten den „Tatort" ab, bargen die Knochen und wollte sie zur Rechtsmedizin nach Erlangen schicken. Doch zuvor fragten die Beamten bei der Stadtarchäologie nach. Deren Fachleute konnten zweifelsfrei feststellen, dass es sich um die sterblichen Überreste von vier Männern handelte, die bereits vor weit über 200 Jahren verstorben waren. Man hatte sie am Nürnberger Galgen auf dem Hügel aufgeknüpft, der sich nur wenige Meter südlich vom heutigen Bahntunnel an der Allersberger Straße befand, so die Aussage der Experten.

Die nähere Umgebung heißt immer noch „Galgenhof", selbst wenn sich dieses Wohnviertel nicht exakt mit dem Standort des Galgens deckt. Erst 1809 wurde er nach der Eingliederung der bisherigen Reichsstadt ins Königreich Bayern abgebaut: Die Nürnberger Hoheitsrechte wie die Gerichtsbarkeit gingen an das neu geschaffene Königreich über. Im März 1963 wurde das Galgenareal Schauplatz eines Doppelmords. Damals standen dort niedrige, einstöckige Läden, die Umgebung war ziemlich heruntergekommen. Hier hauste die arme Bevölkerung in primitiven Unterkünften. In einem der Geschäfte verkaufte Helmut H. mit seiner Mutter Karola H. Pistolen, Gewehre und

Patronen. Sie waren Opfer des „Mittagsmörders", der später wegen fünffachen Mordes verurteilt wurde. Der Kriminelle wurde so genannt, weil er seine Verbrechen meist in der Mittagszeit beging. Er wollte im Geschäft Geld und Waffen stehlen, Inhaberin Karola H. ertappte ihn dabei und rief ihren Sohn um Hilfe. Der „Mittagsmörder" schoss mehrere Male auf die beiden und stürzte aus dem Laden. Doch der Gewalttäter kehrte zurück, weil er bei der Auseinandersetzung seinen Hut verloren hatte und befürchtete, dass die Polizei dadurch auf seine Spur kommen könnte. Da die Ladeninhaberin und ihr Sohn noch lebten, brachte er beide Opfer mit gezielten Schüssen in den Kopf um und verschwand. Erst zwei Jahre später konnte der „Mittagsmörder" bei einer weiteren Bluttat gefasst werden. Das Gericht verurteilte ihn zu lebenslänglichem Zuchthaus. Nach fast 50 Jahren wurde der Häftling 2015 auf Bewährung entlassen.

Die geduckte, schäbige Ladenzeile existierte lange Zeit weiter. Ein Investor baute 2015 dort und auf dem angrenzenden Galgenareal eine große Apartment-Anlage mit über 200 kleinen Wohnungen. Auf 24 Quadratmetern bringen die Bewohner Tisch, Stühle, Bett, Schränke, Küche, WC und Bad unter. „Der Lärm vor der Haustür ist gar nicht so laut und nervig, wie ich anfangs befürchtet habe", berichtet ein Student, der lange nach seinem Abschlussexamen noch hier wohnt: die Nähe zur Altstadt mit ihren Kneipen und Restaurants, die geringe Entfernung zur Technischen Hochschule. „Wenn ich genügend Geld habe, bewerbe ich mich um ein Loft. Die Aussicht von dort oben ist einfach toll", sagt der 29-Jährige. Dass er auf einem geschichtsträchtigen Areal lebt, davon weiß er nichts. An die Hinrichtungsstätte vergangener Jahrhunderte erinnert keine Plakette oder Tafel – der Name der Gegend, Galgenhof, aber durchaus.

Hartmut Voigt

Hier stand der Galgen:

Der Galgen befand sich unter dem nördlichen Teil des Apartment-Hauses Allersberger Straße 10.

Das kleine Nürnberger Traditionsgasthaus „Bratwurstglöcklein" wurde direkt an die Nordseite der Moritzkapelle angebaut. Sein bekanntes Aussehen erhielt es nach mehreren Umbauten im 17. Jahrhundert.

Moritzkapelle

Multifunktionsbau wider Willen

Die Moritzkapelle aus dem 14. Jahrhundert hatte ein äußerst bewegtes Schicksal. Die Kapelle musste bereits kurz nach ihrer Erbauung ihren ersten Standort verlassen und auf den Platz zwischen Sebalduskirche und Schürstabhaus, den ehemaligen Friedhof von St. Sebald, wechseln. Auch später hatte die Kapelle kein ruhiges Dasein: Zwischenzeitlich diente sie als Weinlager, Archiv oder Kunstgalerie. „Man muss realistisch sein!", gibt Michael Taschner, langjähriger Vorstand der Altstadtfreunde, zu bedenken, wenn er an die Möglichkeit eines Wiederauf-

Der nun freie Platz nördlich der Sebalduskirche wird für Veranstaltungen wie das Bardentreffen genutzt. Einige Monate campierten hier junge Leute, um auf die Gefahren des Klimawandels hinzuweisen.

baus der ehemaligen Moritzkapelle aus dem Jahr 1313 denkt. „In städtebaulicher Hinsicht wäre das natürlich schön, weil damit wieder das ursprüngliche mittelalterliche Stadtbild erstellt werden würde", sagt er.

Als in den 1990er-Jahren deutschlandweit große Spendenaktionen für den Wiederaufbau der Dresdner Frauenkirche liefen, gab es bei den Altstadtfreunden ernsthaft Bestrebungen, nach diesem Vorbild auch die Moritzkapelle wiederaufzubauen. Der ehemalige Vorsitzende der Altstadtfreunde Dr. Erich Mulzer sprach von dem „Loch in Nürnbergs Stadtbild". Doch die Initiative verlief damals im Sande, und so ist sich Michael Taschner dessen bewusst, dass ein Wiederaufbau auch jetzt in weiter Ferne liegt. Zu sehr ist der freie Platz auf der Nordseite der Sebalduskirche zum gewohnten Anblick geworden. Inzwischen finden dort Veranstaltungen wie das Bardentreffen statt. Außerdem scheint kein dringender Bedarf für die Nutzung einer wiedererrichteten Moritzkapelle zu bestehen. Allerdings verbinden sich mit ihr von Anfang an viele interessante Geschichten.

Es beginnt mit einer Wanderung: „Ursprünglich stand die Moritzkapelle an einem anderen Ort, und zwar am Rande des historischen Judenviertels in der Nähe des Hauptmarktes, wohl an der Tuchgasse", erklärt Michael Taschner. Der genaue Standort ist umstritten. Urkundlich erwähnt wurde die Kapelle erstmals 1236. Doch knapp 100 Jahre später musste sie von dort auf den ehemaligen Friedhof der Sebalduskirche umziehen. „Auf dem Friedhof rund um St. Sebald hatte sich ein zu reges Markttreiben entwickelt. Die Moritzkapelle sollte Marktbuden verdrängen und hier für Ruhe sorgen", benennt Michael Taschner den Grund. So wanderte die Moritzkapelle von ihrem Ursprungsort auf den Sebalder Pfarrhof. Mit dem Umzug veränderte sich ihr Aussehen von einem romanischen Bau mit Rundbogenelementen hin zu einem Gebäude in gotischer Bauweise mit Spitzbogenportal, Spitzbogenfenstern und gemauerten Strebepfeilern. „Im Grunde genommen kann man von einem regelrechten Kirchenneubau sprechen. Am alten Ort wurde sie abgebaut und am neuen Standort in neuer Form errichtet, wahrscheinlich mit demselben Baumaterial, da jeder Ziegelstein einzeln handgefertigt werden musste", sagt Michael Taschner. Schließlich war das Baumaterial kostbar und nicht so leicht ersetzbar. Lediglich der Sockel, die Fenster- und Türgewände sowie die Gurtbänder waren vermutlich aus neuem Sandsteinmaterial gefertigt.

Die Nürnberger Patrizierfamilie Mendel, namentlich Eberhard und seine Frau Gertraut Mendel, finanzierte den Bau. Sie stellte einen Pfarrer ein und sorgte dafür, dass von da an in der Moritzkapelle zahlreiche Messen gefeiert wurden. Im Jahr 1525, nach rund 200 Jahren, war Schluss mit dem Kirchenbetrieb. Das lag an der Reformation, die 1524 nach Nürnberg kam. „In dieser Zeit wurden die Messen eingeschränkt und stattdessen Gemeindegottesdienste gefördert. Das bedeutete das Aus für die Moritzkapelle, die ja von den Messen gelebt hatte", schreibt Autorin Petra Schuster in *Die Moritzkapelle in Nürnberg*.

Schon vor Jahrhunderten ging man nicht immer pietätvoll mit Kirchen und anderen Kulturdenkmälern um, sondern dachte pragmatisch, wie sich auch am Beispiel der Moritzkapelle zeigen lässt: Der kirchlich nicht mehr genutzte Raum sollte anderen Zwecken dienen. 1576 wurde das gesamte Kirchenmobiliar aus der Moritzkapelle entfernt, stattdessen wurden Weinfässer hineingerollt. Denn bereits im Jahr 1527 war der ehemalige Friedhof von St. Sebald stillgelegt und gepflastert worden, sodass sich der nahe Weinmarkt bis zur Sebalduskirche hin ausgebreitet hatte. Jetzt war die Kapelle also zum Weinlager mutiert. Anlässlich eines im Jahr 1611 bevorstehenden Kurfürstentages in Nürnberg wollte die Stadt jedoch mit ihrer Kapelle eine „bella figura" machen. Jetzt rollte man die Weinfässer weiter in das Siechenhaus an der Pegnitz, ein nur an den Kartagen genutztes Gebäude, in dem bis dato Leprakranke gepflegt und neu eingekleidet worden waren: Es fungierte seither als „Weinstadel".

Die Moritzkapelle erfuhr indes eine Fassadensanierung. Etwas später, ab 1626, wurde sie wieder als Kirche genutzt. Hier fanden jetzt die Sonntagsschule für Kinder und auch wieder Gottesdienste statt. Der kirchliche Betrieb ging seinen Gang, ungefähr 200 Jahre lang währte die Ruhe.

Doch kurz bevor die Stadt Nürnberg im September 1806 an Bayern fiel, gab es erneut eine Wendung im Schicksal der Moritzkapelle. Zu diesem Zeitpunkt diente der Kirchenraum der Stadt als Archiv. Die Stadt hatte viele Schulden und brauchte Geld – da kam dem Nürnberger Bauamt ein Privatmann gerade recht, der das Gotteshaus erwerben wollte. Aus dem Verkauf wurde allerdings nichts. Glücklicherweise. Denn während 1806 andere Kirchenbauten, Klöster oder Kapellen, wie zum Beispiel das Barfüßerkloster, aufgelöst und abgebrochen wurden, durfte die Moritzkapelle stehen bleiben. Jetzt diente sie kurzzeitig wieder einmal als Lager: diesmal als Heulager für die Armee und später als Holzlager für Bedürftige.

Schicksalshaft – diesmal im positiven Sinne – war der Besuch des kleinen Gotteshauses durch den kunstsinnigen König Ludwig I. (1786-1868) im Jahr 1828. Er erkannte das Potential dieses wenig geschätzten Bauwerks. Der König wollte genau an diesem Ort eine königliche Gemäldegalerie altdeutscher Meister eingerichtet sehen. „Damit war der Erhalt der Kapelle gesichert", sagt Michael Taschner. Ein Jahr nach dem königlichen Wunsch wurde die Gemäldegalerie bereits eröffnet. Gemälde namhafter Künstler – wie Albrecht Dürer, Holbein, Cranach, von Eyck – wurden sodann in der St. Petersburger Hängung an den Kirchenwänden angebracht: das heißt, dicht an dicht in fünf Reihen übereinander gehängt. „Die Moritzkapelle war sozusagen Nürnbergs erstes Museum", erklärt Michael Taschner. Der Eintritt war mittwochs und sonntags frei, an den anderen Tagen kostete er zwölf Kreuzer. Kinder und Hunde durften die Ausstellung ausdrücklich nicht betreten. 1882 wurde die Bildersammlung in das 1857 gegründete Germanische Nationalmuseum überführt.

Damit der Rahmen der königlichen Gemäldegalerie stimmte, wurde Architekt Carl Alexander Heideloff (1789-1865), damals *der* Spezialist für das Bauen im mittelalterlichen, respektive neugotischen Stil, beauftragt, die Moritzkapelle komplett zu restaurieren. Bei dieser Runderneuerung wurde die Fassade verputzt und erhielt einen Anstrich mit aufgemalten Quadern, der die Kapelle wie einen Sandsteinbau aussehen ließ. Darunter verschwand der mittelalterliche Backsteinkirchenbau. 1908 erfolgte eine weitere Sanierung und ein Rückbau der Neugotik sowie die Freilegung der Backsteinarchitektur. Sechzehn Jahre später engagierte sich die Stadt bei weiteren Sanierungsarbeiten der Kirche, dabei wurden mittelalterliche Wandgemälde wieder freigelegt und eine Empore eingebaut. Die Kirche konnte wieder ihrer eigentlichen Bestimmung zugeführt werden: Erneut fanden Gottesdienste in der Moritzkapelle statt.

Michael Taschner von den Altstadtfreunden steht auf dem in den Boden eingelassenen Grundriss der Moritzkapelle.

Nur drei Jahre nachdem eine wertvolle Steinmeyer-Orgel eingebaut worden war, wurde die Moritzkapelle jedoch 1944 von einer Bombe getroffen und versank in Schutt und Asche.

Mit ihr übrigens auch das „Bratwurstglöcklein": Das bekannte kleine Lokal wurde bereits im frühen 16. Jahrhundert zwischen zwei Strebepfeiler der Kapelle auf deren Nordseite eingebaut. Zunächst nur als kleine Hütte in Fachwerk, ähnlich anderen Umbauten, die die Kapelle umgaben. Diese Umbauungen waren durchaus zeittypisch. Es folgten mehrere Um- und Erweiterungsbauten. Mit seiner zünftigen Einrichtung mit allerlei Zinngeschirr, Tellern und Krügen war das kleine Gasthaus bei Nürnberg-Touristen vor allem ab dem 19. Jahrhundert sehr beliebt und ähnlich bekannt wie „Auerbachs Keller" in Leipzig. Dazu hatte auch beigetragen, dass die Betreiber es als Stammkneipe Dürers, Hans Sachs' oder Peter Vischers stilisierten. „Es gab einen großen Wunsch, das Bratwurstglöcklein wiederaufzubauen, nicht aber die Kapelle. Aber ohne die Kapelle machte das natürlich auch keinen Sinn", kommentiert Michael Taschner.

Noch immer lässt der vom Schicksal gebeutelte Kirchenbau Michael Taschner nicht los. Bei Stadtführungen macht er hier oft Station und nennt die wichtigsten Fakten zur Moritzkapelle. Diese sei zwar noch gut im Gedächtnis der älteren Generation, doch jüngere Leute wüssten in der Regel nichts mehr von der Existenz der Kapelle und ihrer bewegten Geschichte. Jetzt ruht sie gewissermaßen auf dem ehemaligen Friedhof von St. Sebald: Eine Bodenplatte erinnert noch an die Moritzkapelle und Sandsteinplatten im Pflaster zeichnen ihren ursprünglichen Grundriss nach.

Maria Inoue-Krätzler

Hier stand die Moritzkapelle:

Sie befand sich nördlich der Sebalduskirche auf dem Sebalder Pfarrhof.

Im Erdgeschoss des Hauses Maxtormauer 50 war ursprünglich ein Showroom für neue Autos. Daneben befand sich hinter der Mauer der Garagenhof.

Laufertor-Garage

Einst Auto-Tempel, jetzt Studenten-Wohnheim

E s ist kein Geheimnis, dass in Großstädten Parkplätze knapp sind. Es gibt einfach zu viel „ruhendes Blech". Nürnberg setzt bei der Mobilität der Zukunft stärker auf den Öffentlichen Nahverkehr, Carsharing und Fahrräder. Besonders eng ist es in der Altstadt, dort gibt es seit 2021 kein kostenloses Parken mehr. Wer seinen Pkw abstellt, braucht entweder einen Anwohner-Parkschein oder ein Ticket – falls man überhaupt ein freies Plätzchen findet. Oder man steuert ein Parkhaus an, in der Hoffnung, dass nicht alles belegt ist.

Der alte Baum und ein Teil der Mauer blieben erhalten, an der Stelle des Garagenhofs steht heute ein Studenten-Apartmenthaus.

Umso erstaunlicher ist, dass ausgerechnet direkt innerhalb der historischen Stadtmauer bis 2018 ein großer privater Sammelplatz, die sogenannte Laufertor-Garage, existierte. Zuletzt waren nur die überdachten Stellplätze übrig, in den späten 1920ern und 1930ern gehörten noch eine Tankstelle und ein Showroom für Neuwagen dazu. „Dieser Garagenhof war der einzige in dieser Form und Größe in der Nürnberger Altstadt", berichtet Denkmalpfleger Nikolaus Bencker, „er konnte 1928 auch nur deshalb gebaut werden, weil hier freie Gartenflächen zur Verfügung standen."

Auf einer alten Fotografie von 1921 sind noch blühende Bäume hinter einer mit Draht gesicherten Mauer zu erkennen. Wer an der buckeligen, gepflasterten Gasse entlangwanderte, konnte nicht ins Grundstück hineinschauen – dazu war die Wand zu hoch. In einem Dokument des Nürnberger Stadtarchivs ist davon die Rede, dass die dortige Wiese in früheren Zeiten für die „Wachsbleiche" genutzt wurde. Das dottergelbe Bienenwachs wurde der Sonneneinstrahlung ausgesetzt, bis es eine weiße oder elfenbeinartige Färbung angenommen hatte. Dann erst wurde das weiche Material für die Kerzenfertigung verwendet.

Doch zurück zum Garagenhof an der Maxtormauer 50/52: An der engen Gasse entstand 1928 ein Wohnhaus mit Ausstellungsraum für Automobile und „22 Kraftwageneinstellhallen". Später kamen noch fünf weitere Garagen dazu. Architekt war Fritz Mayer (1889-1964), der nach dem Zweiten Weltkrieg mit seinem Sohn die Ruinen des Pellerhauses, Nürnbergs repräsentativsten Renaissance-Gebäudes, mit einem modernen, bis heute umstrittenen Aufbau versehen hat.

Auf dem Grundstück Maxtormauer 50/2 gab es alles rund ums Auto: einen Showroom zum Präsentieren der neuen Modelle, eine Werkstatt, einen Waschraum für die Pkw und eine Tankstelle der „Deutsch-Amerikanischen Petroleum-Gesellschaft" (später Esso). Bei den Zapfsäulen mussten die Automobilbesitzer anfangs noch pumpen, um an Sprit zu gelangen. Die Tankstelle bekam 1935 ein Vordach, weil sich die Kunden beschwerten, dass sie bei Regen nass wurden, wenn sie ihren Tank füllten. Und außerdem gab es eben noch den Garagenhof.

Denkmalschützer Nikolaus Bencker hält den verschwundenen Garagenhof für etwas Besonderes.

„In dieser ‚Laufertor-Garage' genannten Anlage wurden amerikanische Automobile der Marke Graham-Paige verkauft", berichtet Bencker. So ist es in den Bauakten festgehalten. Zeitweilig war das Unternehmen durch sein besonderes Automobil-Design aufgefallen. Die Marke ist längst verschwunden, doch die Fotos von noblen Karossen und Mittelklasse-Wagen finden bei Sammlern immer noch rege Nachfrage. Kantige Kastenwagen mit großen Scheinwerfern hatte der Autobauer ebenso im Sortiment wie schwungvolle Chromschlitten. Welche Modelle in den Schaufenstern an der Maxtormauer standen, ist nicht bekannt. Fotografien des großen Garagenhofs vom Ende der 1920er- Jahre sind nicht aufzufinden.

Von dem Betrieb hielten sich die Garagen am längsten: Bis zum Abbruch 2018 stellten Autofahrer hier ihre Pkw unter – kein Wunder, ringsum in der Altstadt parken die Wagen Stoßstange an Stoßstange. Das Hauptgebäude mit den Wohnungen im Obergeschoss stand längere Zeit leer. Vom Bauzustand her war es tipptopp, erinnert sich Denkmalschützer Bencker, er trauert der „Laufertor-Garage" etwas nach. Denn ein vergleichbares Objekt gibt es in Nürnberg nicht mehr.

Die Neumarkter Firma Grasruck ließ das Areal abräumen und errichtete 101 Studentenapartments – ein kluger Schachzug, denn der Fachbereich Wirtschafts- und Sozialwissenschaften der Universität ist nur einen Steinwurf entfernt. Es gibt dort für die Mieter außer einigen Parkplätzen auch mehrere Dutzend Abstellplätze für Fahrräder. Wo einst Autohandel angesagt war, wird heute überwiegend auf Fahrräder gesetzt. „Junge Leute besitzen seltener ein eigenes Auto", meint Unternehmer Guido Grasruck, der die gut elf Millionen Euro teure Studenten-Wohnanlage betreibt. Er will auf dem Areal mit Auto-Vergangenheit auch Car-Sharing für die Bewohner anbieten – als Schritt in die Mobilität der Zukunft.

Hartmut Voigt

....

Hier befand sich die Laufertor-Garage:

Vom Laufertorturm beim Rathenauplatz sind es nur ein paar Minuten bis zur Maxtormauer 52.

io.8.03.
Verlag: ... Söhn, Nürnberg, ...

*In den repräsentativen Räumen des Offizier-Kasinos waren sogar
russische Prinzen zu Gast.*

Offizier-Kasino

Hier speisten russische Prinzen

Mitten im ehemaligen Arbeiter- und jetzt schicken Ausgeh- und Szeneviertel Gostenhof, am Anfang der Bärenschanzstraße, stand bis in die 2000er-Jahre ein historisches eingeschossiges Haus mit weißer Fassade, in dem man zuletzt in großen, loftartigen Räumen Montainbikes kaufen konnte. Doch kaum jemand weiß, dass es sich bei dem Gebäude aus dem 19. Jahrhundert um das ehemalige Offizier-Kasino (sic! In der militärischen Sprache wird kein Bindungsfugen-„s" verwendet) der historischen Bärenschanzkaserne handelte.

*Am Platz des Offzier-Kasinos wurde ein nichtssagendes Parkhaus
gebaut, nur die Fundamente der Umzäunung stehen noch.*

Das Offizier-Kasino, genauer: die Offizier-Speiseanstalt, war Teil
einer großen Kasernenanlage, zwischen der Bleichstraße und dem
alten israelitischen Friedhof. „Nur wenige Gebäude des einstigen großen Militärareals aus dem 19. Jahrhundert stehen noch. So wurde auch
das Kasino abgerissen und durch ein simples Parkhaus ersetzt", sagt
Historiker und Oberstleutnant der Reserve Michael Kaiser.

Im 19. Jahrhundert kamen hier hohe Persönlichkeiten der Stadt
mit Offizieren und anderen hochrangigen Militärs bei Festen und Bäl-
len zusammen. „Traditionell bestand das Offizierkorps des hier stati-
onierten Reiterregiments zu einem großen Teil aus Angehörigen des
Hoch- und Landadels sowie angesehenen Nürnberger Bürger- und
Beamtenfamilien", betont Michael Kaiser. Die Räume des Offizier-
Kasinos muss man sich als äußerst repräsentativ vorstellen: Die Wände
waren mit Holz getäfelt, es gab große Kronleuchter und lange Tische.

„Wenn in der Reithalle der Kasernenanlage Vorführungen stattfanden und die Soldaten ihre Reitkünste zeigten, kam die Gesellschaft

im Anschluss im Offizier-Kasino zusammen, um dort zu speisen. Der Bürgermeister und weitere Stadtprominenz nahmen dort an Festen teil", berichtet Kaiser. „Einmal sind sogar russische Prinzen über das Kopfsteinpflaster der Bärenschanzstraße gefahren, um zum Offizier-Kasino zu gelangen." Warum russische Prinzen nach Gostenhof kamen, erklärt sich aus folgendem Umstand: Ehrenhalber wurden Monarchen anderer Länder als „Inhaber" für ein Regiment ausgewählt, sodann führte das jeweilige Regiment deren Namen als Zusatzbezeichnung. Im Fall des in Nürnberg beheimateten 1. Chevaulegers-Regiments war das ab 1857 immer der jeweilige russische Zar. „So hieß das Regiment in seiner letzten vollständigen Friedensbenennung denn auch Königlich Bayerisches 1. Chevaulegers-Regiment Kaiser Nikolaus II. von Rußland", so Michael Kaiser.

„Zeitweise muss das Areal wie eine Stadt in der Stadt gewirkt haben", sagt der Reserveoffizier. Uniformierte arbeiteten in der Militärbäckerei, im Haferdepot, im Kleideramt, in der Verwaltung oder im Garnisonlazarett. Die Chevaulegers – die Mitglieder des Reiterkorps – trainierten auf der Galoppierbahn und bei schlechtem Wetter in der Reithalle, wo sie sich

Historiker und Oberstleutnant der Reserve Michael Kaiser leitet das Garnisonmuseum Nürnberg und führt durch die ehemalige Kasernenanlage in Gostenhof.

auch im Lanzenfechten übten. Ende des 19. Jahrhunderts waren um die 800 Soldaten und dazu 600 Pferde auf dem Kasernenareal untergebracht. Auch Familien einiger Soldaten wohnten zeitweise auf dem Gelände.

Die Welt der Kaserne war nicht komplett von der des umgebenden Stadtteils getrennt. Im Gegenteil, es existierte ein gewisser Austausch.

„Auch in dieser Hinsicht waren die Soldaten im Arbeiterviertel Gostenhof gegenwärtig. Zahlreiche Offiziere und Unteroffiziere wohnten außerhalb der Kaserne, sie hatten ihre Wohnungen in der näheren Umgebung", sagt Michael Kaiser. Erkennbar ist das noch an den großen Ringen, die sich an den Hauswänden einiger Innenhöfe befinden. Dort konnten die Reiter ihre Pferde festmachen. Offiziere wie einfache Soldaten besuchten regelmäßig ihre Stammlokale und Kneipen in Gostenhof. Insofern war die Kaserne ein nicht unerheblicher wirtschaftlicher Faktor für das Viertel.

Auch architektonisch wirkte die Kaserne nicht abgeschottet vom Stadtteil. „Die Kasernenanlage zeichnete sich durch einen offenen Baustil aus", sagt Historiker Kaiser. Es wurde auf Begrenzungsgebäude verzichtet, es gab keine Eingangs- und Zugangsbereiche, dafür großzügige Offiziergärten mit großen Bäumen und Fliederbüschen und sogar öffentliche Straßen, die das Kasernengelände durchschnitten: den Kasernenweg – auf Höhe von Schuco (jetzt Datev) –, dessen Name später in Roonstraße geändert wurde, und die Willstraße. Nur ein einfacher Metallgitterzaun grenzte die Kaserne gegenüber dem zivilen Bereich ab. Die größte Ausdehnung hatte die Kaserne im ausgehenden 19. Jahrhundert.

Aber die militärische Vergangenheit Gostenhofs reicht noch viel weiter zurück. Darauf deutet schon der Straßenname Bärenschanzstraße hin. Die Bärenschanze war eine sternförmige Verteidigungsanlage, eine Artilleriebastion, die im Dreißigjährigen Krieg (1618-1648) am Anfang der Straße errichtet wurde. Die Schweden unter König Gustav II. Adolf (1594-1632) haben sich hier verschanzt, um die Stadt gegen die Angriffe von Wallensteins Truppen zu schützen. Diese und vier weitere kleine Schanzen bestanden von 1632 bis 1820 in Gostenhof und waren Teil eines Befestigungsringes rund um die Stadt. Nach dem Ende des Dreißigjährigen Krieges wurde das Gelände um die Bärenschanze sukzessive zur Kaserne ausgebaut. Auf dem Areal längs der Bärenschanzstraße entstanden in reichsstädtischer Zeit bereits einige militärisch genutzte Gebäude, wie das Kommandantenhaus von 1721, das noch immer existiert.

Die Stammbelegung der Bärenschanzkaserne bildete eine Kavallerie-Truppe, die „Schwollis", das 1. Königlich Bayerische Chevaulegers Regiment, die leichte Reiterei. Sie war 1682 von Kurfürst Max Emanuel (1662-1726) im Zuge der Türkenkriege gegründet worden. Die ersten Eskadronen, also kleinere Einheiten, kamen 1831 nach Nürnberg. Nach und nach wurden aus verschiedenen Gegenden Eskadronen der Chevaulegers nach Nürnberg verlegt. Nun entstanden entlang der Bärenschanzstraße zahlreiche Gebäude der Kasernenanlage, wie das große Mannschafts- und Pferdehaus, das Garnisonlazarett, Verwaltungsgebäude, ein Reitplatz, eine Reithalle, Pferdestallungen sowie das Offizierkasino. Ab 1868 befand sich fast das gesamte 1. Königlich Bayerische Chevaulegers Regiment in Gostenhof. Zur Kasernenanlage gehörte die Bärenschanzkaserne – auf Höhe der jetzigen Roonstraße – sowie die Kulturfeldkaserne rund um die Willstraße mit den jeweiligen Gebäuden.

Nach der Einführung der allgemeinen Wehrpflicht in Bayern im Jahr 1868 leisteten zahlreiche Nürnberger ihren dreijährigen Militärdienst bei der Kavallerie. Auf Fotos aus der Zeit sieht man Familien, in deren Mitte ein „Schwolli" sitzt, in der typischen grünen Uniform mit dem roten Brusteinsatz und dem roten Kragen, in die übrigens auch der rätselhafte Findling Kaspar Hauser (angeblich 1812-1833) gekleidet war, als er wie aus dem Nichts auf dem Nürnberger Unschlittplatz auftauchte.

Im Ersten Weltkrieg wurden mit der Mobilmachung zudem Reservisten in der Bärenschanzkaserne untergebracht, während die Männer im wehrfähigen Alter an der Front kämpften. „Im August 1914 verließen 26 Offiziere, 506 Unteroffiziere und Mannschaften sowie 641 Pferde die Kasernen", weiß Michael Kaiser. Erst 1919 kamen die letzten Teile der Mannschaften wieder zurück nach Gostenhof. Nach dem Ende des Ersten Weltkrieges und der Auflösung der Bayerischen Armee hatte die Bärenschanzkaserne praktisch keine Bedeutung mehr. Hier wurden nur noch wenige Verwaltungsdienststellen und das Militärlazarett genutzt.

1920 zog die Bayerische Landespolizei in Gebäude der ehemaligen Kaserne ein. Während der Nazizeit wurden Verwaltungsstellen und eine Heeresfachschule auf dem Areal eingerichtet. Das Gelände diente der Mobilisierung von Ersatztruppen, außerdem wurden hier militärische Aus- und Weiterbildungen abgehalten. „Festzuhalten bleibt, dass Gostenhof in der NS-Zeit für das Militär lange nicht die Bedeutung wie in der bayerischen Zeit errang", so Michael Kaiser.

Heutzutage erinnert nicht mehr viel an die einstige Kaserne. „Die ehemalige Reithalle, ein Sandsteingebäude im Tudorstil, wurde in eine schicke Wohnanlage verwandelt. Das ehemalige Mannschafts- und Pferdehaus wird heutzutage vom Versorgungsamt genutzt. An der Willstraße standen noch lange Pferdestallungen in Backsteinbauweise, die von Reifen- und Getränkehändlern genutzt wurden, bevor sie abgerissen wurden und einem Lebensmitteldiscounter und einem Kindergarten wichen", sagt der Historiker.

Nach der Räumung der Kaserne durch die Amerikaner zogen in das Kasernengebäude an der Willstraße zunächst die Stadtbibliothek und sodann 1946 das Mädchenlyzeum der Englischen Fräulein ein. Als die Schule 1961 an den Kesslerplatz 2 umzog, wurde das Gebäude abgerissen. Die ehemalige Militärbäckerei und die Garnisonverwaltung in der Nähe der Reutersbrunnenstraße mussten neuen Dienstwohnungen für die Justizverwaltung Platz machen. Anstelle der ehemaligen Haferdepots an der heutigen Roonstraße befinden sich jetzt die Gebäude der Evangelischen Hochschule und des Pharma-Unternehmens Novartis.

Auch das Offizier-Kasino gibt es nicht mehr. Lange Zeit befand sich in dessen Räumen noch die Firma Schäfer Liköre und danach die Kaffee-Rösterei Futterknecht. Nach dem Abriss des Gebäudes ist an seine Stelle ein nichtssagendes Parkhaus gerückt. Einzig und allein die Fundamente der Umzäunung sind noch stehen geblieben – freilich ohne jegliche Funktion.

Maria Inoue-Krätzler

....
Hier befand sich das Offizier-Kasino:

Es stand in der Bärenschanzstraße gegenüber der Hausnummer 33.

Von der alten Stadtmauer aus sah man direkt auf den prächtigen Jugendstilbau des „Kulturvereins".

Kulturverein

Ort des gesellschaftlichen Lebens

Rauschende Feste, Konzerte, Vorträge, Diskussionsabende und beschwingte Bälle: Der prunkvolle Jugendstilbau des „Industrie- und Kulturvereins" am Frauentorgraben war einer der bedeutendsten gesellschaftlichen Treffpunkte des Nürnberger Bürgertums im frühen 20. Jahrhundert. Das Gebäude, kurz: der „Kulturverein", wurde zwischen 1901 und 1905 am Altstadtring zwischen Plärrer und Hauptbahnhof errichtet. Hier herrschte Lebensfreude pur. Andererseits sollte nicht vergessen werden: Im „Kulturverein" verkündeten die Nationalsozialisten am 15. September

*Der Neubau der Allgemeinen Ortskrankenkasse
wurde 2020 am Frauentorgraben eröffnet.*

1935 die *Nürnberger Rassegesetze* in Anwesenheit von „Führer und
Reichskanzler" Adolf Hitler (1889-1945) und Hermann Göring (1893-
1946), zu jenem Zeitpunkt Oberbefehlshaber der Luftwaffe. Ehen
sowie außerehelicher Geschlechtsverkehr zwischen „Ariern" und
Juden wurden durch diese Gesetze verboten. Das *Reichsbürgergesetz*
nahm den jüdischen Deutschen außerdem wichtige Rechte – sie wurden zu Bürgern zweiter Klasse degradiert. Die NS-Gesetze waren
wichtige Meilensteine auf dem Weg zum Massenmord. Kaum vorstell-
bar, dass am selben Ort noch zwei Jahre zuvor die Israelitische Kultusgemeinde Nürnbergs getagt hatte.

„Es gibt das Gerücht, dass die Stadtspitze daher 1967 dem Abriss
des vom Nationalsozialismus belasteten Gebäudes nur zu gern
zustimmte. Einen Beleg habe ich aber bislang nicht gefunden", erklärt
Bau- und Kunsthistoriker Sebastian Gulden. Die schweren Kriegsbe-
schädigungen und das generelle Desinteresse am Jugendstil in den
1960er-Jahren seien dagegen äußerst plausible Gründe. Damals fehlte

schlicht das Gespür für den einst prächtigen Palast am Altstadtring.

Ursprünglich war dieser geschmackvoll und reich ausgestattet. Nicht so blumig und verspielt wie der Jugendstil in Paris oder Prag, aber sehr dekorativ mit großflächigen Ornamenten, Mosaiken und überlebensgroßen Figuren. Opulente Vasen, Ranken und Fruchtkörbe zierten die Fassade. Im Inneren dominierte ein riesiger Festsaal mit großer Orgel. Außerdem waren zwei Nebensäle, eine Bibliothek, unzählige Konferenzräume und Besprechungszimmer darin untergebracht sowie eine gehobene Gastronomie, zumindest was die Preise betrifft. „Der Kulturverein wirkte wie die bekannten exklusiven Clubhäuser im angelsächsischen Bereich", unterstreicht Gulden.

Gleich zur Eröffnung 1905 hatte es einen handfesten Skandal gegeben: Die Öffentlichkeit und besonders der Vereinsvorstand empörten sich über ein sehr freizügiges Mosaik: Ein nackter Jüngling und eine nackte Frau, die dem Jungbrunnen entstieg, waren dort zu sehen. Die *Nürnberger Volkszeitung* fuhr schwere Geschütze auf: Die Stadt habe eine solche „Schamlosigkeit" nicht verdient. Schließlich befinde sich im Nürnberger Wappen immer noch ein Adler und nicht ein „Schwein, das sich in der Pfütze wälzt", erregte sich das Presseorgan. Nach wochenlangem Hin und Her kam die Einigung zustande, die Nackten mit einem Kränzchen um Schulter und Lenden keusch zu

Saalbau-Kultur-Verein, Nürnberg.   Vordere Terrasse.
Restaurateur E. Tonndorf.

Die Außengastronomie des Kulturvereins war sehr beliebt. Zahlreiche Postkarten wurden davon verschickt.

verhüllen. Dies wiederum rief die Gegenseite auf den Plan, die nun von „Kulturvandalismus" sprach. Man sei schließlich nicht in Niederbayern, sondern im freisinnigen Nürnberg. Letztendlich stieg der entnervte Direktor des Kulturvereins zusammen mit den Handwerkern auf das Gerüst – sie entfernten das Mosaik mit Hammer und Meißel.

Unabhängig von dem Streit um die Kunst: Der Industrie- und Kulturverein hatte als Eigentümer beim Bau die enorme Summe von anderthalb Millionen Reichsmark investiert, um seine gesellschaftliche Bedeutung zu unterstreichen. Schließlich liest sich die Vereinsliste wie ein „Who is Who" der finanzkräftigen, einflussreichen Nürnberger Unternehmerschaft. Wer etwas auf sich hielt, ließ sich hier blicken. Architekt Theodor von Kramer (1852-1927) hatte ein Bauwerk gestaltet, dem es an nichts fehlte, um Industrie, Kultur und Wissenschaft zu fördern.

Ein derart repräsentatives Anwesen verursachte natürlich hohe Kosten, die der Verein nach der Beseitigung der schweren Schäden des Zweiten Weltkriegs kaum mehr stemmen konnte. Er verlegte daher sein Domizil ins Stadtparkrestaurant. Die Allgemeine Ortskrankenkasse (AOK), die den Altbau am Frauentorgraben gekauft hatte, fackelte nicht lange. Sie ließ das Jugendstil-Juwel 1967 für ihre neue Regionalzentrale abreißen, die sie 1971 auf dem gleichen Grundstück bezog.

Die 1971 gebaute AOK wurde nach nur 46 Jahren abgerissen.

Ein klobiger, optisch einfallsloser Bau war entstanden, der bei vielen Passanten nur Kopfschütteln auslöste. „Es hat die Augen natürlich sehr gereizt", räumt Bauhistoriker Sebastian Gulden ein, der dem Verwaltungsbau dennoch architektonische Qualität zugesteht: „In den Augen vieler heutiger Betrachter war er nicht schön, aber ein Einzelstück, das Beachtung verdient hat." Allerdings war es kein Bau für die Ewigkeit: „Das Haus der Gesundheitskasse ist krank", titelten die *Nürnberger Nachrichten* im Jahr 2009. In Fugen und Deckenbeschichtungen wurden krebserregende polychlorierte Biphenyle (PCB) entdeckt. Zwar lag die Konzentration unter dem kritischen Grenzwert, trotzdem mussten die Mitarbeiter aus den betroffenen Etagen in andere Bürogebäude umziehen: „Wir leben Gesundheit auch intern und gehen für unsere Leute keinerlei Risiko ein", betonte die damalige AOK-Direktion.

Die Ermittlung der Sanierungskosten war für die Gesundheitskasse eine bittere Pille: Auf 40 Millionen Euro summierte sich der Aufwand, weil eine komplette Runderneuerung mit erhöhten Anforderungen an den Brandschutz sowie an die Gebäudedämmung nötig gewesen wäre. So entschied sich das Unternehmen für einen Neubau. Nach nur 46 Jahren wurde am Frauentorgraben also erneut die Abrissbirne geschwungen. Passanten konnten über Monate hinweg das allmähliche Verschwinden des Verwaltungstrakts erleben. Handwerker mussten die enorme Menge von 18.000 Kubikmetern Schutt fachgerecht entsorgen.

Kunsthistoriker Sebastian Gulden hätte gern ein Konzert im Festsaal des Kulturvereins gehört.

Bei der AOK Nummer Zwei legte der Bauherr Wert auf Funktionalität und moderne Arbeitsplätze. „Das Kundencenter im Erdgeschoss bildet das Herzstück des neuen Gebäudes und ist die zentrale Anlaufstelle für eine individuelle Beratung", erläutert AOK-Direktor Horst

Leitner. Großen Wert habe man auf Barrierefreiheit und eine angenehme Beratungsatmosphäre gelegt. Der markante Bürobau mit heller Natursteinfassade umfasst fünf Stockwerke, die Nutzfläche beträgt 13.000 Quadratmeter. Zu den genauen Kosten wollen sich die Verantwortlichen aber nicht äußern. Inoffiziell hört man, dass um die 50 Millionen Euro investiert wurden.

Gutachter Gulden ist von dem Ergebnis enttäuscht: „Ein wirklich gutes Architektenbüro hat einen einfachen Rasterbau hingesetzt. Für das Stadtbild ist er kein Gewinn, er wirkt fade und langweilig." Die Bauherren hatten sich eben für ein bedarfsorientiertes, pragmatisches Bauwerk entschieden – ohne ästhetischen Anspruch. Das Unternehmen verteidigt sich mit dem Hinweis, dass man mit dem

> **„Ein wirklich gutes Architektenbüro hat einen einfachen Rasterbau hingesetzt. Für das Stadtbild ist er kein Gewinn, er wirkt fade und langweilig."**

Geld der Versicherten schließlich keine extravaganten Verwaltungspaläste bauen wollte. „Wer billig bauen will, findet immer ein Argument", kontert Gulden, „es ist schade, dass Firmen heute das Erscheinungsbild der Stadt nicht mehr mitprägen möchten. Na ja, in ein paar Jahrzehnten wird das auch wieder abgerissen."

Hartmut Voigt

....

Hier stand der Kulturverein:

Er befand sich am Frauentorgraben 49 und war der Vor-Vorgänger des heutigen AOK-Gebäudes.

Das alte Klinikum Martha-Maria an der Sulzbacherstraße mit dem Mutterhaus von 1903.

Klinik Martha-Maria

Ursprung an der Sulzbacher Straße

Einzig und allein das ehemalige Direktionsgebäude der früheren Klinik Martha-Maria ist an der Sulzbacher Straße noch erhalten geblieben. Als Geburtsklinik und in der Chirurgie war das private Krankenhaus eine wichtige Institution in der Stadt. Doch nicht mehr viele Nürnberger wissen überhaupt, dass sich einst an der Sulzbacher Straße 77-81 ein ganzer Krankenhauskomplex erstreckte: Das bekannte Krankenhaus Martha-Maria in Erlenstegen und das gesamte Diakoniewerk Martha-Maria mit seinen Kliniken und anderen Einrichtungen in den Bundesländern Sachsen-

Vom alten Klinikgelände an der Sulzbacherstraße ist lediglich das ehemalige Direktionsgebäude stehen geblieben.

Anhalt, Bayern und Baden-Württemberg hatte hier seinen Ursprung. Jetzt befindet sich ein Edeka-Supermarkt am ehemaligen Klinikstandort und das vormals weitläufige Gelände ist mit modernen Mehrfamilienhäusern bebaut. Das erhaltene Direktionsgebäude beherbergt heute Anwaltskanzleien und ein Tattoo-Studio.

Im Kaminzimmer der Ebenezer-Kirche, die auf dem *heutigen* Martha-Maria-Krankenhausgelände in Erlenstegen steht, berichtet Oberin Roswitha Müller über die Anfänge der Schwesternschaft Martha-Maria. Drei Diakonissen, die noch in der ersten Klinik an der Sulzbacher Straße gearbeitet hatten, blättern in alten Fotoalben und erinnern sich. Sie kamen in den 1950er- bis 1960er-Jahren an die Schwesternschule und blieben ihr Leben lang.

Oberin Roswitha Müller erklärt, wie alles begann: „Schwester Luise Schneider und Schwester Elise Heidner haben gemeinsam mit dem evangelisch-methodistischen Prediger Jakob Ekert im Jahr 1889 in Nürnberg die Martha-Maria-Schwesternschaft als *Verein für allge-*

meine Krankenpflege, das heutige *Diakoniewerk Martha-Maria* gegründet." Die Schwestern hatten sich dem Dienst am Nächsten verschrieben und halfen in der Alten- und Krankenpflege.

Vor über hundert Jahren wurde an der Sulzbacher Straße das erste Gebäude errichtet. Dem Mutterhaus von 1893, in dem die Schwestern wohnten und in welchem nach einigen Jahren im oberen Stockwerk die ersten Patienten in nur vier Zimmern gepflegt wurden, folgten zahlreiche Neubauten: Bereits 1903 wurde eine Klinik mit 37 Betten und drei Operationssälen an der Sulzbacher Straße 81 eingeweiht und eine eigene Schwestern-Ausbildungsstätte initiiert. Vier Jahre danach kam ein Erweiterungsbau hinzu, die Bettenzahl erhöhte sich auf 86. Auch an anderen Orten, wie München, Magdeburg oder Stuttgart, wurden Pflegeeinrichtungen der Diakonie Martha-Maria eröffnet. In dieser Zeit waren bereits über 100 Diakonissen der Schwesternschaft beigetreten. 1927 wurde an der Sulzbacher Straße ein Schwesternheim mit einer Wöchnerinnenstation fertiggestellt. Es folgten mehrere Geländeankäufe auf dem Areal zwischen Sulzbacher, Adam-, Ludwig-Feuerbach- und Fenitzerstraße. Hier entstanden neben dem Mutterhaus, dem Direktionsgebäude und den Klinikgebäuden auch eine Kapelle, ein Verwaltungsgebäude und eine Wäscherei.

Oberin Roswitha Müller betont, dass die Schwesternschaft ihren Dienst am Nächsten lebt.

1939 wurde als zukünftiger Standort für das Klinikum das Areal an der Stadenstraße am östlichen Stadtrand in Erlenstegen erworben: aus Platzgründen, aber auch, weil sich in der Nähe der Klinik an der

Sulzbacher Straße militärisch interessante Ziele befanden und das Krankenhaus damit gefährdet war. Während der Nazizeit musste die Klinik Martha-Maria, die hauptsächlich nach Belegarztsystem arbeitete, auf zahlreiche jüdische Ärzte verzichten. Sowohl im Ersten als auch im Zweiten Weltkrieg dienten Klinikgebäude als Reservelazarett.

Bei den Luftangriffen am 2. Januar 1945 wurden – bis auf die Direktion – sämtliche Gebäude auf dem weitläufigen Gelände zerstört. Zuvor waren sowohl Schwestern als auch Patienten nach Ansbach in die Heil- und Pflegeanstalt evakuiert worden. Niemand wurde bei dem Angriff verletzt. Erst 1948 kehrten die Schwestern wieder in die Sulzbacher Straße zurück. Auf Fotos aus diesem Jahr sind Diakonissen zu sehen, die sich als Trümmerfrauen betätigen, mit bloßen Händen den Schutt zur Seite räumen und sich tatkräftig am Wiederaufbau der Häuser beteiligen. An der Sulzbacher Straße wurde der Klinikbetrieb weitergeführt und 1950 sogar eine neue Frauenklinik eingeweiht, während parallel dazu in Erlenstegen weiter am „Dorf der Barmherzigkeit" gebaut wurde. Hier entstanden neben Klinikgebäuden unter anderem ein Seniorenheim und ein Waisenhaus, das jedoch bereits im Jahr des Umzugs wieder aufgegeben wurde. Der komplette Umzug nach Erlenstegen erfolgte erst 1968.

Längst ist der Krankenhaus-Campus in Erlenstegen zur Heimat der Diakonissen geworden. Hier tauschen sie Erinnerungen aus: Die schönsten Aufnahmen von der Sulzbacher Straße stammen aus den 1950er- und 1960er-Jahren im Wöchnerinnenhaus der alten Klinik. Junge Schwestern halten liebevoll ein Neugeborenes im Arm. „Das waren unsere Schätze", sagt Schwester Gisela Stöckenius. Sie meint jene Kinder, die bis zu einem Vierteljahr in der Klinik blieben, weil deren Mütter zum Beispiel mit einem gebrochenen Becken oder nach einer Lungenembolie im Krankenhaus gepflegt wurden. „Einen Jungen habe ich gemeinsam mit einer anderen Schwester noch lange besucht", erzählt die Schwester weiter. Zu der Familie hielt sich der Kontakt auch nach dem Umzug nach Bayreuth, bis der Junge 14 Jahre alt wurde. Eine solch enge Bindung war natürlich die Ausnahme.

Um die 30 Betten gab es in der Säuglingsstation. „Manchmal mussten wir auch einige Babys zu zweit in ein Bettchen legen", erzählt Schwester Ilse Pätzold und schmunzelt. Denn da fallen ihr einige

Dinge ein, die eigentlich nicht zur strengen Disziplin im Schwestern-heim passten. „Wir waren noch sehr jung und machten schon auch unsere Streiche. Wir rutschten das Geländer im Wöchnerinnenhaus hinunter oder verstellten in unseren Zimmern die Nachtkästchen."

Ansonsten hielt man Ordnung und Disziplin hoch. Die Dienste dauerten von sechs Uhr morgens bis 20 Uhr abends. Dazu kamen Nachtwachen. Gerade bei den Chorproben herrschte ein strenges Regiment, erinnert sich Schwester Elsbeth Zacher. Die Schwestern-schülerinnen aller Jahrgänge prob-ten gemeinsam kirchliches Liedgut, schließlich wurde wöchentlich für die Patienten gesungen. „Es gab keine Fernseher oder Radios auf den Zimmern. Wir stellten uns in einer Gruppe auf den Flur, öffneten die Zimmertüren und sangen", be-richtet die Schwester. Der Gesang diente der Erbauung der Kranken. „Außerdem sind wir von Zimmer zu Zimmer gegangen und haben eine kleine Abendandacht gehalten und etwas vorgelesen."

Aufnahme eines OP-Saals in der Klinik an der Sulzbacherstraße.

„Die alten Nürnberger nann-ten unser Krankenhaus ‚das Mar-tha-Haus'. Einige Male gab es das Missverständnis, dass das von einem mittelalterlichen ‚Marter-Haus' herkäme", erzählt Schwester Ilse Pätzold. „Die Patienten fühlten sich bei uns gut aufgehoben, obwohl wir nach dem Krieg mit so manch einem Provisorium leben muss-ten." Nicht alle Zimmer hatten flie-ßendes Wasser. In einem zum Klinikgebäude umfunktionierten Wohnhaus in der Adamstraße beispielsweise gab es keinen Personen-lift, sodass Patienten bis in den vierten Stock per Bahre gehievt werden mussten. „Wenn nicht genügend Männer im Haus waren, mussten wir Schwestern mit anpacken", erinnert sich Schwester Gisela Stöckenius. Auch wenn einiges noch provisorisch war, schätzten die Patienten den persönlichen Stil im Haus. „Es war alles sehr einfach, aber wir haben es so hingenommen und nichts vermisst, schließlich waren wir jung", sagt Schwester Elsbeth Zacher. „Wir Schwestern wohnten in einer

> *„Es war alles sehr einfach, aber wir haben es so hingenommen und nichts vermisst, schließlich waren wir jung."*

Holzbaracke, immer zu dritt oder zu viert in einem Zimmer, und hatten jede nur ein Bett und einen Nachttischkasten." Gisela Stöckenius ergänzt: „Deshalb bin ich abends immer ins Lernzimmer gegangen und habe dort meine Unterrichtsunterlagen durchgelesen." Und Schwester Ilse Pätzold berichtet: „Unser Gelände wirkte trotz der armen Zeit schön und gepflegt, sodass sich alle wohlfühlten."

Heute betreibt das Diakoniewerk Martha-Maria Krankenhäuser, medizinische Versorgungszentren, Berufsfachschulen für Pflege, Seniorenzentren und Erholungseinrichtungen in Bayern, Baden-Württemberg und Sachsen-Anhalt. Über 5.000 Mitarbeiter sind in der Diakonie Martha-Maria beschäftigt. Davon sind 2022 nicht einmal mehr 30 Diakonissen. „Als ich meine Stelle 1990 antrat, habe ich noch um die 100 Diakonissen übernommen", erklärt Oberin Roswitha Müller. Vieles habe sich seitdem verändert. „Aber ich versuche, etwas von dem Geist weiterzugeben, aus dem Martha-Maria entstanden ist."

Maria Inoue-Krätzler

Hier stand die Klinik Martha-Maria:

Bis in die 1960er-Jahre erstreckte sie sich über die Sulzbacher Straße 77-83.

Die lithografierte Ansichtskarte von 1911 zeigt die Ecke Meisenstraße/Gibitzenhofstraße. Dort lag das Löffelholz'sche Anwesen mit Nebengebäuden, Kapelle und dem alten Herrensitz (Mitte) sowie dem neuen Schlösschen (rechts, halb durch Bäume verdeckt).

Löffelholz'scher Herrensitz

Schlösschen in der Arbeitersiedlung

Es muss eine Idylle gewesen sein, das Löffelholz'sche Anwesen im Stadtteil Gibitzenhof, das zwei Herrenhäuser, eine Kapelle, etliche Nebenbauten und einen blühenden Park umfasste. Ein Journalist der *Nordbayerischen Zeitung* schwelgt 1924 in seiner Reportage: „So gestattete mir Herr Baron v. Löffelholz dieses Elysium an seiner Seite, noch dazu an einem wunderherrlichen Hochsommerabend zu durchwandern." Er schwärmt von Rosen, einer Eibenhecke mit einem etwa 200 Jahre alten Stamm, von Kornelkirschen, Buchshecken und von einem „intimen Garten-

Die Ecke Meisenstraße/Gibitzenhofstraße heute: Wo sich einst das Löffelholz'sche Anwesen erstreckte, stehen eine Tankstelle, ein Wohnhaus und Übungsräume für Taekwondo-Sportler (rechts hinter der Tankstelle).

häuschen mit Miniaturspringbrunnen". Ein kleines Paradies also, das einst Mittelpunkt des Dörfchens Gibitzenhof war und an der heute viel befahrenen Gibitzenhofstraße/Ecke Meisenstraße lag. Später wurde es von einer Arbeitersiedlung eingefasst. Die Industrialisierung hat den ländlichen Charakter zunichte gemacht. Ein paar Zahlen verdeutlichen den rapiden Wandel: Im Jahr 1818 lebten 160 Bewohner in 24 Gebäuden, nicht einmal 100 Jahre danach – 1910 – waren es bereits 30.341 Menschen. Die Industrialisierung hat Gibitzenhof erst spät erreicht, dafür mit Macht. Im Stadtsüden bauten MAN, die Maschinenfabrik Leistritz, die Fränkische Schuhfabrik Berneis und Wessels sowie Schuckert & Co ihre Werke, das Gaswerk wurde errichtet.

Für deren Mitarbeiter wurden Unterkünfte gebraucht: Das Stadtplanungsamt zog ab 1899 ein Raster von Straßen rund um das Dorf Gibitzenhof, das nach und nach bebaut wurde. „Die Ackerflächen verschwanden zugunsten von Wohnblocks, mancher Landwirt konnte sein Leben nach dem Grundstücksverkauf als reicher Privatier fristen", berichtet Bernd Windsheimer, Historiker und Geschäftsführer des Vereins „Geschichte Für Alle", der ausgiebig über Gibitzenhof geforscht hat. Nachzulesen ist dies in einer reichbebilderten Publikation in der Reihe *Nürnberger Stadtteilbücher* des Vereins. „Heute ist Gibitzenhof ein von großen Verkehrsachsen zerschnittener und durch gesichtslose Wohnblocks geprägter Stadtteil, der auf den ersten Blick völlig uninteressant ist", meint Windsheimer, „aber je mehr man über ihn weiß, desto mehr nimmt man auf den zweiten Blick wahr und erfährt spannende Geschichten. Für mich war es ein richtiger Aha-Effekt."

Zum Beispiel über die Schlossbesitzer: Die Patrizierfamilie Löffelholz ist seit 1420 in Nürnberg nachweisbar. Schon seit 1440 gehörte sie zum Inneren Rat und bestimmte die Geschicke der Reichsstadt mit. Über ein halbes Jahrtausend bewohnte sie das alte Schlösschen. Nürnbergs Oberschicht besaß große politische Macht. So erließ Matthes Löffelholz 1578 die erste Gemeindeordnung für Gibitzenhof, die bis 1848 gültig war. Darin bedauert er, dass die zurückliegenden Kriege die Bevölkerung nicht „zu einem besseren und bußfertigen christlichen Leben und Wandel" geführt hätten. Im Gegenteil: Die Gibitzenhofer würden „Gott lästern, heftig einander schänden und schmähen, übel nachreden und anfeinden". Es sei so weit mit ihnen gekommen, dass „kein Nachbar mehr dem anderen etwas Gutes gönnte".

In Gibitzenhof folgte nach dem Zweiten Markgrafenkrieg (1552-1554) die Errichtung eines dreigeschossigen Baus aus Sandsteinquadern mit Satteldach und großem Zwerchgiebel – damals typisch für die Nürnberger Herrensitze. Außerdem umschloss ein gemauerter, aus nahegelegenen Weihern gespeister Wassergraben das Anwesen. Der Zugang zum Haus war nur über eine Brücke möglich. Die auch „Weiherhäuser" genannten Patriziersitze sollten Feinde abwehren.

Im 18. Jahrhundert ließ die Familie Löffelholz das „neue Schloss" in schlichtem Barock neben dem Stammsitz bauen. Auf Fotografien aus den 1930er-Jahren ist das jüngere Anwesen komplett mit Efeu bewachsen zu erkennen. Eine Sandsteinmauer mit prächtigem schmiedeeisernen Eingangstor stand zwischen beiden Gebäuden. Im Zweiten Weltkrieg zerstörten Bomben das Löffelholz'sche Anwesen im Stadtsüden, es wurde nicht mehr aufgebaut. Der ausgewiesene Nürnberg-Kenner Erich Mulzer zählte dies „zu den schmerzlichsten Verlusten des Luftkriegs". Die Ruinen mehrerer dazugehöriger Gebäude wurden 1950 abgeräumt. Auf dem Areal stehen jetzt eine Tankstelle, ein Parkplatz und ein Taekwondo-Sportcenter, davor verläuft die stark frequentierte Gibitzenhofstraße. Von der Idylle und Beschaulichkeit ist nichts übrig. Das Schlösschen ist verschwunden, aber an die Patrizierfamilie erinnert noch einiges: zum Beispiel die nicht weit entfernt gelegene Löffelholzstraße mitten im Industriegebiet. Oder der gotische Katharinenaltar im Westchor von St. Sebald, den Wilhelm Löffelholz (1424-1475) zum Andenken an seine Ehefrau Kunigunde (1425-1462) hatte schnitzen lassen. Mit einem derart teuren Geschenk hofften die Gläubigen im Mittelalter, Gnade vor Gott zu finden.

Bei Treffen der Familien Löffelholz versammelt man sich schon einmal um den Katharinenaltar. Die prächtige Schnitzerei macht die Bedeutung der Dynastie deutlich, denn nicht jeder durfte in der wichtigen Pilgerkirche St. Sebald stiften – das war ein Privileg hochgestellter Persönlichkeiten. „Die Familie hat auch zur Restaurierung des Altars finanziell beigetragen", berichtet der Sebalder Pfarrer Marin Brons. Ein Totenschild der Löffelholz mit deren Wappen ist ebenfalls aufgehängt: Er zeigt ein schreitendes, silbernes Lamm auf rotem Grund. Das kleine Schaf ist kein „sprechendes" Wappen wie etwa der Schuh bei der Nürnberger Patrizierfamilie Holzschuher, sondern eine sogenannte „gemeine" – also schlichte – heraldische Figur. Warum die Familie Löffelholz das Lamm gewählt hat, weiß der evangelische Geistliche nicht, aber er hat eine Vermutung: „Es ist ja das gängige Christussymbol, das sie als gläubige Christen sicher bewusst ausgesucht haben – statt des sprechenden Symbols eines Holzlöffels."

Hartmut Voigt

....

Hier stand der Löffelholz'sche Herrensitz:

Die beiden Schlösschen befanden sich auf dem Anwesen Gibitzenhofstraße/Ecke Meisenstraße im Stadtsüden.

Blick in den Hof der Schuco: Arbeiter verbringen ihre Pause vor der Spielenwarenfabrik.

Schuco

Vogel Pik-Pik, Wende-Autos und Silberpfeile

Ein Spielzeugauto auf dem Tisch hin und her zu schieben, macht großen Spaß. Nur die Tischkante als Begrenzung stört, immer wieder droht das kleine Ding hinunterzufallen. Um dies zu verhindern, hatte der Nürnberger Tüftler und Schuco-Gründer Heinrich Müller (1887-1958) eine geniale Idee: Er entwickelte das „Wende-Auto". Kam das Blechspielzeug nach einem kleinen Stupser der Tischkante nahe, fiel es nicht herunter, sondern machte – dank eines ausgeklügelten Mechanismus – kehrt und fuhr noch eine Strecke auf dem Tisch weiter. Auf wundersame Weise schien

Seit 1978 befindet sich die Firma DATEV im ehemaligen Firmengebäude von Schuco. Hier ist der Standort DATEV II.

das Spielzeug die Gefahr zu erkennen. Jürgen Franzke weiß, welche Faszination diese mechanischen Wunderwerke auf Kinder ausüben. Der ehemalige Leiter des Museums Industriekultur und des DB Museums hat selbst als Bub Blechspielzeug mit dieser innewohnenden Mechanik zu Weihnachten geschenkt bekommen und dabei auch schon mal eines (es stammte nicht aus dem Hause Schuco) aus lauter Begeisterung noch am Weihnachtsabend kaputt gespielt. Viel später, als Museumsleiter, veranstaltete er in den 1990er-Jahren regelmäßig Sammlerbörsen für Blechspielzeug. So wurde seine Begeisterung für die Produkte von *Schuco, Bing & Co* erneut geweckt und er verfasste weiterführende Bücher zum Thema.

Schuco-Gründer Heinrich Müller hat nicht nur das „Wende-Auto" erfunden, auf ihn gehen fast alle Patente und Entwürfe der Blechspielwarenfabrik Schuco zurück. Eigentlich war er schon immer am Tüfteln und Erfinden und hat bereits im Alter von 17 Jahren gemeinsam mit seinem Bruder an der Entwicklung von Blechspielzeug gearbeitet. Mit 22 Jahren trat er in die große Spielwarenfirma Bing ein, wo er drei Jahre lang eine Ausbildung durchlief. Danach machte er sich 1912 in der heutigen Roonstraße mit Heinrich Schreyer als Geschäftspartner und Geldgeber in zunächst nur 150 Quadratmeter großen Räumen mit einer eigenen Spielwarenfabrik selbstständig – damals nannte sich die Firma noch *Schreyer & Co.* Bereits 1918 war Heinrich Schreyer aus dem Geschäft wieder ausgestiegen, Heinrich Müller fand 1919 in dem Textilkaufmann Adolf Kahn einen neuen Geschäftspartner, der Kapital mitbrachte. Der Firmenname wurde beibehalten, jedoch fortan in abgekürzter Form: Aus Schreyer & Co wurde ab 1921 *Schuco.* Adolf Kahn war jüdischen Glaubens. Er musste sich vor den Nazis in Sicherheit bringen und emigrierte 1939 in die USA. Von dort hielt Kahn weiterhin Kontakt zu Heinrich Müller und begann, den amerikanischen Markt für die Schuco-Produkte zu erschließen – mit großem Erfolg.

Jürgen Franzke hat als ehemaliger Leiter des Museums Industriekultur Sammlerbörsen für Nürnberger Blechspielzeug organisiert.

Während des Ersten Weltkrieges hatte es für das Unternehmen gar nicht gut ausgesehen. In dieser Zeit stand die Produktion still. Danach zog die Firma kurzzeitig in die Kellerräume der Treibriemenfabrik Wagner in der Singerstraße 26 und nach langsamer Konsolidierung in Fabrikräume in einem Rückgebäude der Fürtherstraße 30. „Schuco hat zunächst einmal gar kein Blechspielzeug produziert", erklärt Jürgen Franzke, „sondern Plüschtiere hergestellt." Aber auch diese Plüschfiguren hatten es in sich. Sie konnten sich drehen, wenden oder akrobatische Kunststücke vollführen, so der „Akrobato-Purzler", ein sich drehender Pinguin, sowie Violine spielende Disney-Figuren in Schweinchen-Gestalt. Verkaufsschlager war der Vogel „Pick-Pick" aus dem Jahr 1928, von dem täglich 42.000 Stück in der Firma Schuco hergestellt wurden. Insgesamt 20 Millionen Mal hat sich dieses Modell verkauft. „Gerade die Herstellung von Disney-Figuren begründete den großen Erfolg von Schuco. Einige der Figuren wurden bis in die 1960er-Jahre produziert", erklärt Jürgen Franzke.

Und die Erfolgsgeschichte von Schuco ging voran. Heinrich Müller arbeitete unermüdlich weiter an neuen Spielzeugen und interessanten Mechaniken. Sehr beliebt war das den Silberpfeilen von Mercedes nachempfundene sogenannte „Studio-Auto", das Schuco zwischen 1936 und 1945 herausgab. „Diese Autos besaßen eine funktionierende Zahnstangenlenkung, Schwingachsen, Leerlaufkupplung, Reibrad- und Kurbelaufzug und sogar eine Differentialschaltung", erklärt der Historiker.

Die Blechfigur „Fuchs" von Schuco wurde zwischen 1956 bis 1962 hergestellt.

Heinrich Müller erfand immer differenziertere „Wunderwerke der Technik" – so der Slogan der Firma – wie zum Beispiel den Motorradfahrer „Curvo", ein Blechspielzeug aus dem Jahr 1950. Er konnte Kreise und verschiedene Figuren fahren. Heinrich Müller war durchaus kritisch, wenn es um die Produktion seiner Spielzeuge ging. Er war der Meinung, sie müssten etwas aushalten. Schließlich würden Kinder nicht unbedingt pfleglich mit den Dingen umgehen. „Zum Test soll er sich ans Fenster des ersten Stockwerks seiner Fabrik gestellt und zum Entsetzen der Mitarbeiter Prototypen auf die Fürther Straße hinuntergeworfen haben", gibt Jürgen Franzke das wieder, was ihm ehemalige Schuco-Mitarbeiter erzählt haben.

1952 wurde an der Fürther Straße das neue Firmengebäude mit der markanten Toreinfahrt bezogen. An dem Standort mit 13.000 Quadratmetern Fläche arbeiteten bis ins Jahr 1962 um die 800 Mitarbeiter, und die Firma konnte 100 Millionen Spielzeuge verkaufen. Einige Modellautos bekamen jetzt bereits anstelle eines mechanischen Innenlebens eine elektrische Ausstattung: Es gab Autos mit Fernlenkung, Lastwagen, die Vorwärts- und Rückwärtsfahrten durchführen und die rückwärtige Bordwand ausfahren konnten, ein Feuerwehrauto mit aufwendigen Leiterfunktionen und vieles andere mehr.

Dennoch: „Die Umstellung auf eine Produktion von Plastikspielzeug gelang nicht oder wurde zu spät vorangetrieben", sagt Jürgen Franzke. Andere Länder produzierten kostengünstiger. Plastikspielzeug mit elektronischer Ausstattung war jetzt angesagt. Mit Schuco ging es bergab. Das Blechspielzeug war aus der Mode gekommen. Ab 1966/67 sank der Absatz der Produkte der Firma stetig, 1976 musste das Unternehmen Konkurs anmelden. Damit war das Kapitel Schuco zu Ende – doch so ganz stimmt das nicht, denn es gibt weiterhin Liebhaber dieses Spielzeugs: Ein großer Sammler-Markt entwickelte sich. Und schließlich trat 1999 die Simba-Dickie-Group das Schuco-Erbe an. Sie produziert mit den alten Formgussmodellen weiterhin Schuco-Spielzeug als neue Retroausgaben. „In diesen Modellen lebt die Firma weiter", sagt Jürgen Franzke.

Schuco Blechspielzeug Auto-Set um ca. 1954. Die Autos wurden mit einer Drahtspirale gelenkt.

Ein bißchen gilt dieses Fortleben auch für das Firmengebäude von Schuco an der Fürtherstraße. 1978 hat die Firma DATEV das ehemalige Domizil der Spielzeugfabrik ersteigert und zu einem ihrer Standorte in der Stadt umgebaut. Unter der neuen spiegelnden

Glasfassade führt das alte Gebäude aus den 1950er-Jahren ein versteck-
tes Dasein. Die auffällige Durchfahrt des Bauwerks kommt hingegen
erst jetzt richtig zur Geltung, schließlich war sie in der Zeit des Beste-
hens von Schuco über lange Zeit durch eine Bretterkonstruktion ver-
schlossen gewesen. Außerdem
kann man hier seit einigen Jahren
etwas Spielerisches entdecken: In
der Durchfahrt des Standortes
DATEV II sind auf 100 Quadratmetern Wandfläche vier große

*„Schuco hat zunächst einmal gar
kein Blechspielzeug produziert,
sondern Plüschtiere hergestellt."*

Gemälde im Streetart-Stil zu sehen. Johannes Häfner, Künstler und
Kunstbeauftragter bei DATEV, hat zu Farbe und Pinsel gegriffen und
Comicfiguren in Überlebensgröße an die Wand gemalt. Unterstützt
wurde er dabei von 170 DATEV Mitarbeitern, die sich auf einem Feld
von 170 kleinen Segmenten mit eigens kreierten Piktogrammen verewigt haben.

Maria Inoue-Krätzler

....

Hier befand sich die Firma Schuco:

*Das Firmengebäude aus dem Jahr 1952 ist hinter der spiegelnden
Glasfassade von DATEV II an der Fürtherstraße 28-30 versteckt.*

In der Brauerei Joh. Gg. Zeltner an der Ostendstraße wurde bis zur Zerstörung im Zweiten Weltkrieg Bier gebraut. Im Hintergrund fließt die Pegnitz, den Wöhrder See gab es damals noch nicht.

Zeltner

Erst Bierbrauerei, jetzt spektakuläre Wohn-Landschaft

Der absolute Tiefpunkt der bekannten Nürnberger Braue-rei Joh. Gg. Zeltner war am 13. August 1943. An diesem Tag flogen britische Bomber einen Angriff auf das Stadt-viertel Wöhrd. Dabei attackierten sie auch die nicht weit entfernt liegende Bierherstellung an der Ostendstraße – direkt gegen-über der Tullnau. Zuvor hatten Firmenchef Heinrich Zeltner (1882-1943) und seine Mitarbeiter rasch den Bunker aufgesucht: „Als mein Großvater merkte, wie über ihm die Brauerei durch Bombentreffer zusammenbrach, ist er an Herzstillstand gestorben", berichtet Brau-

Die Norikus-Wohnanlage mit drei Hochhäusern und mehreren niedrigeren Gebäuden. In der zwischen 1968 und 1972 gebauten Anlage leben 3.000 Menschen.

meister Johannes Zeltner. Eine Tragödie. War damit das Lebenswerk der Familie vernichtet?

Heute kann man dies verneinen: Berthold Zeltner, Sohn von Johannes Zeltner, führt die Tradition in sechster Generation weiter. Ursprünglich waren die Zeltners Bauern und Hopfenhändler in Mittelfranken. Im Jahr 1836 kauften sie in der Nürnberger Altstadt ein Brauhaus und das Recht für die Herstellung von Rot- und Weißbier. Die tüchtigen Geschäftsleute hatten Erfolg: Im letzten Drittel des 19. Jahrhunderts war ihr Unternehmen die viertgrößte der damals 29 Nürnberger Brauereien.

Mit der Nachfrage nach Zeltner-Bier wuchs auch der Platzbedarf. Ein riesiges Grundstück vor den Toren der Altstadt im Osten Nürnbergs schuf Abhilfe: Dort passte nicht nur eine repräsentative Villa im Stil der Neorenaissance für die Firmeninhaber drauf, sondern auch die ganze Brauerei. An der Ostendstraße gab es ein Hopfenlager mit Trocknungskamin, Arbeiterwohnungen, ein Sudhaus, ein Fasslager, einen weithin sichtbaren, 40 Meter hohen Kamin, eine Eismaschinenhalle und vieles mehr. Natürlich produzierte man kein süßes Speiseeis, die Eisstangen und Brocken dienten zur Kühlung und längeren Haltbarkeit des Hopfengetränks. Neben Bier wurde auch Gefrorenes für die Keller der eigenen Gaststätten ausgeliefert: Über 40 Adressen steuerten die Kutscher mit ihren Pferdefuhrwerken nach 1900 in Nürnberg an. Der große Immobilienbesitz war ein weiterer Indikator für Zeltners wirtschaftliche Bedeutung. Nach dem Zweiten Weltkrieg wollte Kurt Zeltner (1909-1959) die schwer getroffene Brauerei neu aufbauen, doch sein früher Tod machte die Pläne zunichte. Seither wird bei Tucher und anderen fränkischen Brauereien das „Zeltner" hergestellt.

Biergroßhandel ist heute ein Standbein des Unternehmens, das zentrale Geschäftsfeld besteht jedoch in der Verwaltung der Immobilien. Das riesige Brauerei-Grundstück wurde verkauft, zumal die Stadt das Gelände für Wohnbebauung umwidmete. Sie hatte Großes vor: Die Deutsche Wohnbau AG (Deba) sollte das mit 125 Metern höchste Wohnhaus Europas errichten. „In den 1960er- und 1970er-Jahren hatten viele Gemeinden ein übersteigertes Selbstbewusstsein, sie wollten unbedingt Bauprojekte mit besonderer Leuchtkraft", meint Bauhistoriker Sebastian Gulden. Nach der ersten Euphorie kamen lebhafte Diskussionen und Bedenken auf. Der Nürnberger Baukunstbeirat empfahl einen Architekten-Wettbewerb mit dem Argument: „Man kann nicht einfach nur eine Kiste hinstellen." Schließlich erhielt Professor Rudolf Hillebrecht (1910-1999) aus Hannover den Auftrag für ein Gutachten. Seine Expertise fiel vernichtend aus: Die Bauhöhe von 125 Metern sei untragbar und „ein bedauerlicher Missgriff". Der Wohnwert sei wichtiger als der städtebauliche Effekt. Seiner Ansicht nach würden Bewohner und Eigentümer die Rekordsucht später ausbaden müssen. Hillebrechts Empfehlung: Die Stadt solle ein grundlegendes Bebauungskonzept entwickeln, das die Silhouette der Altstadt schützt. Die Burg und die Türme der Hauptkirchen St. Sebald und St. Lorenz sollten „Kronen" Nürnbergs bleiben. Sie dürften in Altstadtnähe nicht überflügelt werden. Für die Gebäude auf dem einstigen Brauerei-Gelände wäre damit in 50 Metern Höhe Schluss gewesen. Schließlich regte der Professor ein 1:1 Modell aus Gerüststreben vor Ort und einen Architekten-Wettbewerb an.

Das war eine eiskalte Dusche für die hochfliegenden Pläne der Nürnberger Kommunalpolitiker und der Deba. Sie zeigte Wirkung. Einen Wettbewerb mit vier geladenen Teilnehmern entschied der Nürnberger Harald Loebermann (1923-1996) für sich. Der Architekt errichtete zwischen 1968 und 1972 eine Siedlung aus drei Hochhäusern mit 21, 16 und 14 Etagen sowie einigen ineinander verschachtelten, niedrigeren Wohngebäuden und Grünflächen. Der höchste Turm misst immerhin 80,9 Meter. Die gesamte Anlage hat 850 Apartments, dort leben rund 3.000 Menschen. Einer von ihnen ist Walter S., dessen Mutter gleich 1972 eingezogen ist: „Für die damalige Zeit war der Norikus ein sehr gutes Konzept. Ich bin immer noch begeistert. Wir sind im Grünen am See und trotzdem schnell in der Stadt. Es wird in Zukunft wieder mehr in die Höhe gebaut werden müssen, da haben die Planer damals schon Weitblick bewiesen." Der See vor der Haustüre entstand gleichzeitig durch das Aufstauen der Pegnitz. Ursprünglich hauptsächlich als Schutz vor Hochwasser gedacht, hat sich das Gewässer auch zu einem Naherholungsgebiet entwickelt. In jüngster Vergangenheit wurden Millionen Euro in das Ausbaggern von Schlamm und die Gestaltung der Stadtstrände gesteckt. So müssen die Bewohner des Norikus nur ein paar Schritte gehen, um ihr Handtuch auf den Sand zu legen und die Sonne zu genießen.

Bauhistoriker Gulden hält den Norikus für ein „qualitätvolles, tolles Bauwerk. Es ist ein klassischer Zeuge seiner Zeit". In den 1970ern habe man auf eine gestaffelte Silhouette mit unterschiedlichen Höhen Wert gelegt. Die Vor- und Rücksprünge auf verschiedenen Etagen seien ebenfalls zeittypisch: Sie lockern den monolithischen Charakter auf. „Der Norikus strahlt eine gewisse Grandezza und moderne Urbanität aus. Es ist kein Betonbrutalismus", lobt Gulden, „er ist etwas Besonderes und hat sich in die Herzen vieler Nürnberger geschlichen."

Hartmut Voigt

....

Hier befand sich die Zeltner-Brauerei:

Sie stand an der Ostendstraße 9-27.

Die Turner des TSV 1846 hatten sich der Demokratischen Bewegung Deutschlands angeschlossen. Mit der Einweihung ihrer Turnhalle setzten sie 1862 ein Zeichen, nicht nur für den Sport.

Erste Halle des TSV 1846

Hier fuhr der König vor

Ein äußerst auffälliger Zug macht in Nürnberg Halt. Er besteht aus zwei blauen, mit reichlich Gold verzierten Salonwägen. König Ludwig II. (1845-1886) entsteigt seinem Luxuszug. Er ist auf einer zweimonatigen Reise durch Franken unterwegs und sieht sich bei seinem Besuch der Stadt auch in der neu errichteten Turnhalle des TSV 1846 um. In dieser Zeit ist eine Turnhalle eine innovative Angelegenheit, eine Besonderheit, die beim König auf Interesse stößt. Er verewigt sich mit seiner schwungvollen Unterschrift im *Fremdenbuch*, also einer Art Gästebuch des

*Heute steht in der Oberen Turnstraße ein modernes
Gebäude mit gewerblicher Nutzung am Ort der alten
Turnhalle.*

Vereins. 1877 wird sich auch sein Neffe Prinz Ludwig Ferdinand von
Bayern (1859-1949) auf den Weg nach Nürnberg machen, die Turnhalle besichtigen und sich dort in das Fremdenbuch eintragen, gefolgt
von Kronprinz Rupprecht von Bayern (1869-1955) im Jahr 1901. Vier
Jahre vor dem Besuch des Königs, 1862, war die Turnhalle in der Nähe
des Rosenauparks fertiggestellt worden. Bald darauf wurden die Obere
und die Untere Turnstraße nach ihr benannt.

Jürgen Franzke kann mit reichem Detailwissen zur alten Halle an
der Oberen Turnstraße aufwarten. Der Historiker und ehemalige Leiter des Museums Industriekultur, der viele Jahre das DB-Museum
geführt hat, ist selbst seit seiner Jugend aktiver Sportler und seit zehn
Jahren Vorstand des TSV 1846 Nürnberg, dem – gemeinsam mit dem
TSV 1846 Lohr – ältesten Sportverein Bayerns. „Bevor die Turner des
TSV 1846 Nürnberg ihre eigene Halle beziehen konnten, betrieben
sportliebende Schüler und Studenten ihre *Turnerey* im Freien auf dem
Prater des Rosenauparks", weiß Jürgen Franzke. In den Wintermona-

ten konnten sie zunächst im Katharinenkloster ihrer Körperertüchtigung nachgehen. Turnen war von Anfang an eine höchst politische Angelegenheit. Man schwang nicht nur zum Spaß Keulen, sprang Seil oder übte sich an Reck und Barren. Turnvater Jahns Idee war es zu Beginn des 19. Jahrhunderts, die Jugend mit entsprechender Körperertüchtigung fit zu machen, damit sie in der Lage wäre, sich gegen Napoleon und dessen Besetzung wehren zu können.

Am 18. Oktober 1846 wurde der Verein gegründet. Lehrer Völkel, der am Egidiengymnasium unterrichtete, konnte als erster Übungsleiter gewonnen werden. Neben der Leibesertüchtigung befassten sich die Nürnberger Turner wohl auch mit Gedanken zur Demokratie und zu einem geeinten Deutschen Staat – zwei Jahre früher als die Nationalversammlung in der Frankfurter Paulskirche 1848. Die politischen Umtriebe der Turner waren der Obrigkeit jedoch ein Dorn im Auge. In der Folge wurden die Turnvereine mehrmals zugelassen und dann wieder verboten. Dieses Schicksal ereilte den TSV 1846 Nürnberg bereits im Mai 1850: Er wurde wegen politischer Agitation verboten. Doch nach und nach konnte das Turnen, zunächst in den Schulen und ab 1859 in den Vereinen, wieder stattfinden – unter der Voraussetzung, dass Sport fortan unpolitisch zu sein habe. So durfte auch der TSV 1846 seine Aktivität wieder aufnehmen. Die Mitgliederzahl des TSV wuchs stetig an, um die 600 Mitglieder zählte der Verein 1859, sodass die Planungen zum Bau einer vereinseigenen Turnhalle vorangetrieben wurden.

Um ihre Position zu festigen, gründeten die Mitglieder des TSV 1846 im Jahr 1864 eine freiwillige Turner-Feuerwehr. Das war sozusagen eine Win-win-Situation: Die Turner konnten weiter unbehelligt Sport treiben – schließlich müssen Feuerwehrleute über eine entsprechende körperliche Fitness verfügen und trainieren – und die Stadt bekam eine schlagkräftige Truppe gegen Brände. Tatsächlich rückten die Turner zu Bränden in den Stadtteilen Gostenhof und Johannis aus. Die Turner-Feuerwehr bestand, bis Nürnberg im Jahr 1912 die erste Berufsfeuerwehr bekam. Zunächst kräftigten lediglich die Männer ihre Muskeln in der Halle an der Oberen Turnstraße. 1888 wurde das Kinderturnen eingeführt und zwei Jahre später durften auch Frauen in die Halle. Während des Ersten Weltkrieges diente die Halle als Lazarett für Kriegsverwundete. Im Zweiten Weltkrieg wurde das 1862 errichtete Bauwerk stark beschädigt und in der Folge abgerissen. Erst 1956 entstand am gleichen Ort ein Neubau, der als Turn- und Festhalle geplant worden war. Über diese zweite Halle des Vereins an der Oberen Turnstraße weiß die ehemalige Leistungsturnerin, Gardetänzerin und pensionierte Sport- und Werklehrerin Ruth Angermeyer bestens Bescheid. Mehr als 30 Jahre ihres Lebens hat sie in der Halle zugebracht: erst als Sportlerin, danach als Trainerin.

Nachdem ihr Talent fürs Turnen erkannt worden war, schickte man sie zu den 1846ern, „denn die hatten in der Zeit die besten Trainer", sagt Ruth Angermeyer. Irma Walther und ihr Mann Gustl Walther trainierten hier die Leistungsturnerinnen des Vereins. Irma Walther hatte selbst ab 1936 in der Oberen Turnstraße trainiert. Sie war vielfache Deutsche Meisterin und nahm 1952 an den Olympischen Spielen in Helsinki teil. In den 1960er-Jahren hat sich Ruth Angermeyer in der Halle ihre Hände mit Magnesia eingerieben, sich an den Stufenbarren gehängt oder beim Pferdsprung den gehockten Yamashita geübt. Bis in den Olympiakader hat es Ruth Angermeyer mit Talent und Training geschafft. Sie erinnert sich an die etwas düsteren Umkleidekabinen, die sich im Keller befanden. Aber die Turnhalle selber war hell. Sie war bestens ausgestattet und eine der größten deutschen vereinseigenen Hallen. Eine Klavierspielerin sorgte für Motivation und Rhythmus beim Aufwärmen der Turnerinnen und begleitete live die Übungen beim Bodenturnen.

Doch die Turnhalle war immer mehr als nur eine Sportstätte, in der lediglich auf Wettkämpfe hin trainiert wurde. „Die Turnhalle war unser Leben, unsere Familie, unsere Heimat", fasst die Sportlerin zusammen. Der Zusammenhalt unter den Vereinsmitgliedern war groß. Einige Familien waren schon über mehrere Generationen dabei. Auch Ruth Angermeyers Eltern und ihre Schwester Ulla waren im Verein aktiv – eine Konstellation, die typisch für den Verein war. Ruth Angermeyers Mutter, Lotte Bauer, gab Mutter-und-Kind-Turnkurse. Das war in den 1960ern sehr innovativ. Die Trainerin Hella Schlegel hatte im TSV 1846 diese Kurse eingeführt, bei denen die Mütter gemeinsam mit den Kleinen aktiv waren, sich Bälle hin- und herwarfen oder den Kindern beim Balancieren über die Langbank halfen.

Damit war sie eine der Ersten, die diese Mutter-und-Kind-Kurse in Deutschland einführten, wenn nicht gar die Erste, wie Ruth Angermeyer meint.

Ihr Vater Robert Bauer war nicht nur Gerätewart in der Turnhalle, er führte, in die edle Kluft eines Weißclowns gewandet, als Conferencier durch die legendären Faschingsveranstaltungen des TSV 1846. Er organisierte diese Bälle. Die Turnerjugend sprang beim Mummenschanz des Vereins kostümiert mit großen Perücken Trampolin, hier wirbelten Ruth Angermeyer und ihre Schwester Ulla als Tanzmariechen mit Gardetänzerinnen durch den mit Girlanden und Luftschlangen verzierten, rauchgeschwängerten Saal.

Die Turnerin Ruth Angermeyer.

Mit ihrer Bühne, der Galerie im ersten Stock und dem großen Balkon, der der Bühne gegenüberlag, eignete sich die Halle bestens für Veranstaltungen. Auch eine Gaststätte war in die Halle integriert. Und so nutzten zahlreiche Nürnberger Karnevalsvereine die Turnhalle an der Oberen Turnstraße, um hier ihre Faschingsveranstaltungen abzuhalten. Große Nürnberger Firmen, darunter auch die *Nürnberger Nachrichten*, hielten in der Oberen Turnstraße Weihnachtsfeiern ab, und einmal im Jahr fand das große Bockbierfest statt. „Uns Sportlern gefiel das weniger, weil wir dann lange nicht trainieren konnten", sagt Ruth Angermeyer. Nürnbergs ehemaliger Oberbürgermeister Dr. Andreas Urschlechter (1919-2011) und Max Grundig (1908-1989) waren Ehrenmitglieder des TSV 1846, auch Ministerpräsident Alfons Goppel (1905-1991) trug sich in das Fremdenbuch des Vereins ein.

Bis 1987 stand die zweite Halle des TSV 1846. Dann beschloss der Verein, sie aus finanziellen Gründen abzureißen, verkaufte das Grundstück und errichtete 1992 eine neue vereinseigene Halle in der Fuggerstraße 11. „Wir Sportler wollten nicht, dass die Halle abgerissen wird. Ich hatte Tränen in den Augen", sagt Ruth Angermeyer.

An ihrer Stelle wurde ein modernes Verwaltungsgebäude errichtet, das im Grundriss gar nicht so sehr vom alten Turnhallenbau abweicht. Allerdings ist die Funktion des mehrgeschossigen Klinkerbaus aus dem Jahr 1989 eine ganz andere. An der Oberen Turnstraße 8-10 ist jetzt ein medizinisches Versorgungszentrum mit zahlreichen Arztpraxen untergebracht. Ruth Angermeyer indes trainiert an der Fuggerstraße 11 dreimal die Woche Mädchen und Frauen im Alter von fünf bis 30 Jahren im Gardetanz. Ihre „Gardemädchen" errangen mehrfach Meistertitel und durften schon einmal im Kanzleramt eine Choreografie vor Angela Merkel vorführen, zudem treten sie regelmäßig beim bekannten Veitshöchheimer Fasching auf.

2021 feierte der TSV 1846 sein 175. Jubiläum, er hat derzeit über 1.600 Mitglieder, die in 16 Abteilungen Sport treiben: darunter auch Rugby für Männer und Frauen, Eiskunstlauf, Rhythmische Gymnastik, Gardetanz, Handball, Tennis und Badminton. Man hat sich auf die Fahne geschrieben, ein weltoffener Verein zu sein, setzt sich für Integration ein und freut sich über Diversität. Insofern scheint der Geist freiheitlichen Denkens aus der Zeit der Vereinsgründung auch in der Gegenwart weiterzuleben. Übrigens: Die historischen Salonwägen Ludwigs II., mit denen der König nach Nürnberg kam, kann man im Original im Nürnberger DB Museum ansehen.

Maria Inoue-Krätzler

....

Hier stand die erste Turnhalle des TSV 1846:

In der Oberen Turnstraße 8-10, dort, wo sich heute ein medizinisches Versorgungszentrum befindet.

Die Traditionsgaststätte „Seerose“ am Dutzendteich war ein beliebtes Ausflugslokal und wurde für den Verkehr abgerissen. Das Haus dahinter blieb stehen.

Gaststätte „Seerose“

Vom Untergang eines Traditionslokals

„Die Seerose, das war das Nonplusultra, das war einfach super. So, wie es damals war, ist es nie wieder gewesen", schwärmt Peter Maul, „Fiddl" genannt, heute noch von der beliebten Gaststätte am Dutzendteich, die 1990 abgerissen wurde, weil sie dem Verkehr im Weg stand. In dem Haus aus dem 19. Jahrhundert trafen sich neben unzähligen Ausflüglern nämlich auch Anhänger des 1. FC Nürnberg, die sich im „Fanclub Seerose" zusammengeschlossen hatten. An den Tagen der Club-Heimspiele war die „Seerose" rappelvoll: Bis zu 300 Fans tranken dort lange vor

Wo einst die „Seerose" stand, verläuft heute ein Radweg und der Ring.

Spielbeginn ihr Bier und diskutierten über die Siegeschancen ihres Fußballvereins. „Ich war jeden Tag dort, außer montags – da war Ruhetag", erinnert sich Schlossermeister und FCN-Fanbeauftragter „Fiddl" Maul wehmütig, „da erlebte man Gemeinschaft und Zusammengehörigkeit, man traf immer Bekannte. Bis heute habe ich etliche gute Freunde aus dieser Zeit."

Den verrauchten Nebenraum hatten die „Clubberer" in den Vereinsfarben des FCN Rot und Schwarz tapeziert – zumindest dort, wo noch keine Bilder von griechischen Landschaften oder von einer Nachtaufnahme aus New York hingen. Billard, Flipper, Kicker und Tische zum Kartenspielen – es war alles da, was die Fußball-Anhänger brauchten. Der letzte „Seerosen"-Wirt Pascal Zolakis hatte zu seinen Gästen ein entspanntes, freundliches Verhältnis: „Keine Probleme, keine Schlägerei, mit denen ist es spitze", freute er sich Ende 1988.

Damals waren die Tage des geräumigen Gasthauses bereits gezählt. Um den Verkehrsfluss zu verbessern, plante die Stadt nämlich, den letzten Knick im Ring zu beseitigen. Bei der Neuausrichtung der vier-spurigen Fahrbahn stand aber die Traditionsgaststätte im Weg: Sie wurde für den Bau der Hauptverkehrsstraße abgebrochen. Die Maß-nahme nebst neuer Bahnunterführung kostete rund 33 Millionen Mark.

Zunächst war der Schwenk an anderer Stelle geplant gewesen. Nach dem dortigen Anwohner-Protest verschoben die Verkehrsplaner die Route 35 Meter weiter nach Süden. Damit würden drei Reihenhäu-ser und einige Bäume verschont, argumentierte die Stadt. Aber die denkmalgeschützte „Seerose" musste fallen. Da half auch kein fachli-cher Einwand: „Die Bedeutung lag in der Architektur des Gebäudes mit seinen gründerzeitlichen, geschnitzten Holzerkern und den Neo-renaissance-Giebeln aus Sandstein", berichtet Denkmalschützer Niko-laus Bencker, „außerdem war es ein Dokument der beginnenden Frei-zeitkultur des Bürgertums Ende des 19. Jahrhunderts, als man am Wochenende um den Dutzendteich herumspazierte und anschließend einkehrte." Auf einen weiteren Vorschlag von Anwohnern, die Fahr-bahn unterirdisch in einen Tunnel zu verlegen und so den Bestand zu erhalten, waren die Stadtplaner aus Kostengründen nicht eingegangen.

So kam es in den letzten Monaten vor dem Abriss der Traditions-gaststätte zu einer regelrechten „Wallfahrt". Viele ehemalige Gäste wollten sich im Herbst 1989 dort noch einmal umschauen. Ein Augs-burger Ehepaar erinnerte sich, dass es hier vor einem halben Jahrhun-dert den „Bund fürs Leben" gefeiert hatte. Der gebürtige Nürnberger Klaus Ecker reiste aus Darmstadt an, um mit vier Nürnberger Jugend-freunden ein letztes Bier zu stemmen. Immer wieder kamen Gäste mit Fotoapparaten herein, erinnerte sich eine Bedienung, und der erste Satz habe meistens gelautet: „Weißt du noch …?" Und Fußball-Fan Rainer, der in dem verrauchten Nebenzimmer seine Frau kennenge-lernt hatte, nahm auf schmerzvolle Weise Abschied von seinem inof-fiziellen „Vereinsheim": Er ließ sich die lila tätowierte Seerose vom Unterarm entfernen.

Der Untergang des schmuckvollen Hauses bewegte auch die unmittelbare Nachbarschaft. Einzelhändler Andreas Seiler lobte gar einen Malwettbewerb zu dem prägnanten Gebäude aus: Der Sieger sollte 2.000 Mark erhalten, der Zweitplatzierte eine Reise an die Loire und der dritte Preis war ein Teppich. „Erst wenn man etwas verliert, weiß man, wie wertvoll es einem doch ist", philosophierte Teppichhändler Seiler – die „Seerose" lag schräg gegenüber von seinem Geschäft. „Mir ist das Haus nie aufgefallen", führte der Selbstständige weiter aus, „erst seit ich erfahren habe, dass es weg muss, sticht mir die Schönheit des Gebäudes so richtig ins Auge."

Für die Jury seines Malwettbewerbs hatte er den ehemaligen Oberstaatsanwalt Hans Sachs gewonnen, der durch seine Fernsehauftritte beim Quiz *Was bin ich* bundesweit bekannt war. Der Nürnberger Sachs kannte das Gasthaus von den Schulausflügen in seiner Kindheit. Damals hatten ihn aber nicht die geschnitzten Holzerker und die historistische Architektur fasziniert, sondern die giftgelbe Zitronenlimo und die dunkelgrüne Waldmeisterbrause.

Trotz des Abbruchs zugunsten des Straßenbaus im Jahr 1990 ging die „Seerose" nicht vollkommen unter. Ein Erinnerungsstück findet sich sogar am prominentesten Platz der Stadt, dem Hauptmarkt. Beim Haus Nummer 9 muss der Passant seinen Blick ganz nach oben richten: Dort ist im Dach der historische Erker eingebaut, der einst die „Seerose" am Dutzendteich geschmückt hatte.

Beim Abriss des Gasthauses hatten die Handwerker das Bauteil sorgfältig geborgen und im Denkmalschutzlager im Nürnberger Hafen zwischengelagert. Für den schmückenden, 100 Jahre alten Erker fand sich im Jahr 2001 ein passender Ort. Auf dem Haus Hauptmarkt 9 befand sich nämlich früher einmal eine entsprechende Dachkrönung, wie alte Fotografien zeigen. Dass der Immobilienbesitzer zugleich ein ehemaliger Präsident des 1. FC Nürnberg ist und das „Seerosen"-Relikt zugleich an den Fußball-Fanclub erinnert, dürfte allerdings „reiner Zufall" sein.

Hartmut Voigt

Hier stand die Seerose:

Am Ring, Bayernstraße/Ecke Herzogstraße.

Das Brunswick Bowling-Center erstaunte durch seine Schuhschachtel-Architektur mit einer schrillen Fassadengestaltung.

Bowling-Center

Deutsch-amerikanische Freundschaften

Jeder in Nürnberg kannte das ehemalige Brunswick Bowling-Center aus dem Jahr 1963. Die Sportstätte wurde nicht in einem Kellerbereich versteckt oder in einen größeren Baukomplex integriert. Sie stand einfach so da. Ihre Schuhschachtel-Architektur mit der poppig-schrillen Fassadengestaltung war nicht gerade unauffällig. Sie sagte selbstbewusst aus: Ich bin eine Bowling-Halle. Nicht mehr und nicht weniger. Prägnant war auch das Firmenlogo einer Krone auf blauem Grund mit ausladenden Strahlen. Mit seiner fensterlosen Kastenform wäre der Bau in Las Vegas ganz selbst-

Wohnen statt Bowlen. Auf dem Areal der ehemaligen Bowling-Halle entsteht an der Bayreuther Straße ein Neubau mit 134 Wohnungen.

verständlich gewesen – im Stadtzentrum Nürnbergs der 1960er-Jahre war er es nicht. Der Bowling-Palast galt mit einer Fläche von 3.000 Quadratmetern damals sogar als die zweitgrößte Bowling-Halle in Europa. Als die beiden Ligaspieler Gabi Rauch und John Mesch Anfang der 1970er-Jahre erstmals das Bowling-Center in der Bayreuther Straße betraten, kamen sie in eine ungewohnte Welt. „Die Anlage hatte für uns zunächst den Charme einer Bahnhofshalle", sagt Gabi Rauch. Aber bald lernten sie die Halle schätzen und spielten hier als Vereinssportler auf hoher Ebene, bis das Bowling-Center rund fünfzig 50 Jahre später schloss.

Vor dem Zweiten Weltkrieg hatte sich auf dem Areal ein großer Biergarten befunden: der Tuchergarten, auch Tucherkeller genannt. An diesem Ort vollzog sich ein gehöriger Wandel: Wo man früher gemütlich an Biertischen beisammensaß, und ein zünftiges Freiluftvergnügen genoss, konnte man sich fortan in einer überdachten Halle sportlich betätigen und ein modernes amerikanisches Ambiente erleben. Bowling, was war das denn? Anfangs gab es noch ein wenig Erklärungsbedarf zu dem aus Amerika sozusagen „rückimportierten", vom deutschen Kegeln abgeleiteten Sport. Die *Nürnberger Nachrichten* informierten ihre Leser kurz vor der Eröffnung der Halle: „Bei den Keglern wird es bald nicht mehr ‚Alle Neune!' heißen, wenn ein Volltreffer gefallen ist, sondern ‚alle Zehne!'", und außerdem wurde angemerkt: „Gespielt wird nach festen Regeln!"

Immerhin 3,5 Millionen Mark hatte die freitragende Halle von 38 Metern Länge mit den 28 Bahnen aus Ahornholz gekostet. Kostspielig war auch die ausgeklügelte automatische Aufstellanlage für die Kegel, beziehungsweise für die zehn Pins. Beim Bau des Bowling-Centers wurde auch an Parkplätze gedacht und zudem an einen Kinderhort, sodass Mütter ihren Nachwuchs abgeben konnten, während sie auf der Bahn eine ruhige Kugel schoben. Die heißt im Bowling-Sport allerdings nicht Kugel, sondern Ball. Dieser verfügt über drei gebohrte Löcher für Daumen, Mittel- und Ringfinger und wiegt zwischen vier und sechs Kilogramm. Was war das Besondere an der Halle? Gabi Rauch gefiel der Gastronomiebereich des Bowling Centers. Der war im Stil eines American Diner gestaltet. Dort bekam man Burger und Bagels, lange bevor Fastfoodketten bei uns alltäglich wurden. Überhaupt konnte man sich an diesem Ort ein bisschen wie in Amerika fühlen: „Wir Mädels haben

Die beiden enthusiastischen Bowling-Spieler Gabi Rauch und John Mesch. Fast 50 Jahre lang sind sie zum Bowlen in die Bayreuther Straße gegangen.

diese typischen Faltenröcke getragen und große Polohemden, wie man sie aus den USA kennt, mit dem Namen in großen Buchstaben auf dem Rücken", erzählt Gabi Rauch. Ihre Amerika-affinen Eltern hatten sie als Zehnjährige mit ihren drei Schwestern ins Bowling-Center mitgenommen. „Die Frauen trugen weiße Schuhe zum Ausleihen, Männer dunkle Schuhe", erzählt Gabi Rauch.

Durch eine Werbeaktion an der Schule mit einem veritablen Indianer wurde John Mesch auf die Halle aufmerksam. „Es kamen viele amerikanische Soldaten zum Bowlen", erzählt er. „Einige waren wirklich gut. Ich habe nach Abläufen zu Trainingsmaßnahmen gefragt und konnte bald in deren Mannschaften mitspielen", sagt er. Er hat amerikanische Wurzeln, und seine Mutter arbeitete in einem amerikanischen Lebensmittelmarkt, einem PX, in Fürth. Auch Gabi Rauch hatte nicht nur durch das Bow-

Im Brunswick Bowling-Center konnnte man ab den 1960er-Jahren ...

len Kontakte zu Amerikanern, da ihre Großmutter eine Zeit lang in einem amerikanischen Commissary, also einem amerikanischen Supermarkt, gearbeitet hatte. Später spielte Gabi Rauch sogar in einer deutsch-amerikanischen Bowling-Liga. „Der Abzug der amerikanischen Soldaten in die USA in den 1990er-Jahren bedeutete, dass viele Freundschaften auseinander gingen", bedauert John Mesch. Da ging eine Ära zu Ende. Die Lockerheit der Amerikaner fehlte.

Ein weiterer Einschnitt war die Renovierung des Bowling-Centers 2004. Spielergebnisse wurden jetzt durch computer-gestützte Systeme ermittelt und auf Monitoren angezeigt, und die früheren Overhead-Projektoren ausrangiert. „Wir haben es direkt vermisst, Ergebnisse nicht mehr mit der Hand eintragen oder Punkte zusammenrechnen zu müssen", sagt Gabi Rauch. Denn dadurch fehlten die handschriftlichen Besonderheiten oder kleine persönliche Bildchen, Ausrufezeichen, Sternchen oder Herzchen, die man den Resultaten hinzufügen konnte.

Unzählige Male haben Gabi Rauch und John Mesch auf den Ahornbahnen der Halle jeweils vier Schritte Anlauf genommen, um auf die zehn Pins zu zielen. Die beiden Bowling-Enthusiasten haben ihr halbes Leben im Brunswick Bowling-Center verbracht. Hier haben sie Höhen und Tiefen erlebt. Nach dem Tod von Gabi Rauchs Mann wurden sie ein Paar. John Meschs Highlight auf der Bahn war ganz klar das Erreichen von zwölf Strikes in Folge. Das heißt: Zwölf Mal hintereinander räumte er alle zehn Pins ab. Mehr geht nicht. Das perfekte Spiel. Vier davon hat er bereits hingelegt. Gerade in einem Jahr, das durch persönliche Schwierigkeiten geprägt war, gelangen auch Gabi Rauch die größten Erfolge auf der Bahn. „Ich konzentrierte mich ganz auf das Bowlen", sagt sie, „das war in gewisser Weise meine Rettung." Sie holte den bayerischen Meistertitel und wurde Sechste bei den Deutschen Meisterschaften in Berlin. Dass 1995 die Deutschen Bowlingmeisterschaften in Nürnberg stattfanden, war ebenfalls ein

... amerikanisches Flair erleben.

großer Augenblick für Gabi Rauch. Diesmal war sie nicht als aktive Sportlerin dabei, sondern half bei der Organisation. „Die Medaillen auf Kissen zu überreichen, war unvergesslich", sagt sie.

Seit vielen Jahren spielt sie Bowling in der Bundesliga – jetzt in einer neuen Halle – genauso wie eine ihrer Schwestern: Die andere spielt eine Liga darunter und die dritte sei nach Amerika ausgewandert. „Nur einmal im Leben habe ich für drei Monate mit dem Bowling pausiert. Das war nach der Geburt meines Sohnes", sagt Gabi Rauch. John Mesch bowlt in der Bayernliga und kümmert sich als Sportwart des BSV Stein unter anderem auch um die Nachwuchsarbeit. Beide betonen, sie schätzten auch den geselligen Aspekt des Spiels. „An Fasching sind wir einmal verkleidet in einer großen Polonaise über die 28 Bahnen der Brunswick Bowling-Halle gezogen", berichtet Gabi Rauch und ergänzt, „auch ein Meisterschaftsspiel haben wir unterbrochen, weil draußen der Nürnberger Gaudiwurm vorbeigezogen ist." Ihr Sohn hat hier, wie viele andere Nürnberger Kinder auch, Geburtstag gefeiert und stolz einen Pin mit den Unterschriften seiner Gäste mit nach Hause genommen. Ganze Schulklassen, zahlreiche Familien, Freunde, ob jung oder alt, haben in der Halle das Bowlen einfach zum Spaß ausprobiert. Dazu trainierten hier zahlreiche Vereinsspieler.

Nichtsdestotrotz wurde die Halle Anfang 2019 geschlossen. „Wir verstanden das nicht. Denn sie war eigentlich immer gut besucht", meint Gabi Rauch. „Am letzten Abend sind wir noch lange nach dem letzten Spiel mit Freunden in der Halle zusammengesessen", erzählt sie.

Unterdessen trainieren die beiden in einer anderen Bowling-Halle, in Röthenbach. An der Bayreuther Straße entsteht auf dem Areal der

„Wir verstanden das nicht. Denn sie war eigentlich immer gut besucht."

Brunswick Bowling-Halle ein Wohnkomplex mit 134 Wohnungen und drei Gewerbeeinheiten. Der Grundriss der fünfstöckigen Anlage von „Projekt Immobilien" hat die Form eines Fragezeichens, sodass im Innenhof Raum für Grünflächen und einen Kinderspielplatz ist.

Maria Inoue-Krätzler

....

Hier befand sich das Brunswick Bowling-Center:

Die Bowling-Halle stand an der Bayreuther Straße 20.

So sah die prächtige Renaissance-Fassade des Pellerhauses (Mitte) noch um 1870 aus. Im Zweiten Weltkrieg wurde das Baudenkmal weitgehend zerstört.

Fassade

Pellerhaus: Erbitterter Streit um die Optik

Ein Haus wie ein Ausrufezeichen: „Schaut her, ich kann mir einen derart prunkvollen Bau leisten!" Das schien die Botschaft zu sein, die der schwerreiche Kaufmann Martin Peller (1559-1629) aussenden wollte. Peller, der aus Radolfzell am Bodensee stammte, wollte mit dem beeindruckenden Renaissance-Gebäude, das er zwischen 1602 und 1605 errichten ließ, dem alteingesessenen Nürnberger Patriziat und Geldadel imponieren.

Allein schon die Lage war spektakulär: Ganz oben am steil abfallenden Egidienberg lag sein Grundstück, zentral in der Mitte. Auffäl-

Das Erdgeschoss des Pellerhauses stammt noch von 1605. Darüber bauten die Architekten Fritz und Walter Mayer in den 1950ern ihren modernen Entwurf.

liger ging es nicht. Der Egidienplatz war in reichsstädtischer Zeit eine der vornehmsten Adressen Nürnbergs: Hier wohnten die Patrizierfamilien Tucher, Behaim, Muffel, Ebner, Holzschuher und Imhoff, die im Rat der Stadt gewichtige Stimmen hatten. Doch ihre Häuser waren einfache Sandsteinbauten. Eine repräsentative Bauweise, die den gesellschaftlichen Rang unterstreichen sollte, war bei der Nürnberger Oberschicht damals nicht üblich: Die Mächtigen gaben sich nach außen bescheiden.

Ganz anders Martin Peller, der seinen enormen beruflichen Erfolg als Kaufmann zeigen wollte. Er hatte seine Ausbildung in Venedig absolviert, diese italienische Republik unterhielt intensive Handelsbeziehungen mit Nürnberg. Dort hat Peller neben seinem beruflichen Wissen sicher auch architektonische Impulse aufgenommen.

Für den Bau seines Nürnberger Hauses beauftragte er den renommierten Architekten Jakob Wolff den Älteren (1546-1612). Doch es war mehr als ein Haus: An das Vordergebäude schloss sich ein Innenhof mit Arkaden und doppelstöckigen Galerien aus Sandstein sowie ein reich geschmücktes Hinterhaus an.

Wer den Egidienberg hinaufstieg, dem fiel sofort die prächtige Fassade auf. Kräftige Rustika-Quader aus massivem Sandstein bildeten das Erdgeschoss. Der Rundbogen des großen Eingangstors fand sich in den benachbarten Fenstern wieder, in den oberen Etagen waren dagegen alle Fenster rechteckig. Halbsäulen und ein Erker mit Balkonaustritt gliederten den Aufbau, den mächtigen Giebel zierten Obelisken und Voluten. Zwei Löwen, ein Relief des heiligen Martin – als Namenspatron von Martin Peller – und ganz oben eine ausladende Steinmuschel mit Jupiter-Figur ergänzten den Hausschmuck.

Das Gebäude wurde später zu einem touristischen Pilgerort. Wer Nürnberg besuchte, musste unbedingt das Pellerhaus mit seinem großartigen Innenhof besichtigen. Nahezu jeder Reiseführer legte dies den Lesern ans Herz. In der Kunstgeschichte wurde es als das mustergültige Beispiel eines repräsentativen Bürgerhauses um 1600 nördlich der Alpen bezeichnet.

Beim Großangriff auf Nürnberg am 2. Januar 1945 zerstörten britische Bomber 90 Prozent der mittelalterlichen Altstadt. Auch das Pellerhaus brannte vollkommen aus. Tags darauf kippte die Fassade auf den Platz und zersprang in Tausende Stücke. Übrig blieben nur der

So sah der Renaissance-Bau noch zu Beginn des 20. Jahrhunderts aus.

tiefe Keller, ein Treppenturm, das Erdgeschoss und Teile des Innenhofs. Die intensive Diskussion in der Nachkriegszeit beschäftigte sich mit der Frage, was erhalten und was weggeräumt werden sollte. Bei der Pellerhaus-Ruine bekamen die Nürnberger Architekten Fritz Mayer (1889-1964) und sein Sohn Walter Mayer (1929-1988) den Zuschlag. Ihr Wettbewerbs-Entwurf sah vor, auf den historischen Resten einen modernen Magazinbau zu errichten. Auch der Neubau des angrenzenden Imhofhauses erfolgte in zeittypisch funktionaler Form. Dieser ungewöhnliche Mix wurde 1998 unter Denkmalschutz gestellt.

Zu Recht, findet die Initiative „proPellerhaus", der Architekten, Denkmal- und Heimatpfleger angehören. Sie kämpft für den Erhalt des status quo, denn sie sieht im Pellerhaus das Beispiel für den Wiederaufbau schlechthin. „Es ist eine Synthese", meint proPellerhaus-Sprecherin Brigitte Sesselmann, „es verleugnet die Vergangenheit nicht, daher der Sandsteinsockel aus der Renaissance. Darüber erhebt sich ein ehrliches, neues, selbstbewusstes Gebäude."

Architektin Brigitte Sesselmann ist von der jetzigen Fassade begeistert.

Die Befürworter des Mayer'schen Entwurfs weisen darauf hin, dass der Neubau nicht schnell und billig, sondern mit nachhaltigen Materialien errichtet worden ist. Auch wenn eine Sanierung anstehe, sei er keineswegs baufällig. Die Spannbeton-Halbschalen als Dachabschluss sind etwas Besonderes: „Ich habe bisher keine zweite derartige Konstruktion gefunden", meint Brigitte Sesselmann. Sie bedauert, dass der Architektur der 1950er- und 1960er-Jahre noch die gesellschaftliche Wertschätzung fehlt. Die Expertin sieht im Pellerhaus kein zusammengestöpseltes Etwas, sondern ein durchdachtes Unikat. Eine Nachahmung der Renaissance-Fassade lehnt sie ab: „Jede Rekonstruktion bleibt eine Kopie und ist eben kein Original."

Dieses Argument überzeugt Harald Pollmann nicht: „Das ursprüngliche Pellerhaus war genial, einfach großartig. Das heutige Erscheinungsbild hält dem in keiner Weise stand." In Duisburg hatte er als Schuljunge Abbildungen des ursprünglichen Pellerhauses in

Geschichtsbüchern gesehen. Als er einmal mit seinen Eltern im Urlaub das Nürnberger Original anschaute, war er tief enttäuscht: „Ich war einfach nur traurig, was aus dieser Pracht geworden ist."

Seit seinem Umzug nach Nürnberg 1996 bewegte ihn die Vorstellung, den ursprünglichen Glanz wiederaufleben zu lassen. Der Steinmetz gründete 2005 die Initiative „Steinspende Pellerhaus", um den zerstörten Innenhof anhand originaler Pläne aus dem Stadtarchiv nachzubauen. Er spendete als Startschuss vier von ihm behauene Sandsteinblöcke in der Hoffnung, dass sich viele Interessierte für das Projekt begeistern lassen. Binnen weniger Jahre kamen tatsächlich fünf Millionen Euro zusammen. Tausende Spender trugen zum Wiederaufbau bei. Der Verein der „Altstadtfreunde", der sich um das historische Erbe Nürnbergs sehr verdient gemacht hat, trieb das Vorhaben voran. Mit viel Akribie haben Handwerker den Innenhof bis 2019 wiederhergestellt.

Der originale, verschnörkelte Treppenaufgang überlebte die Bombardierung im Zweiten Weltkrieg.

Einige Jahre zuvor schon hatten sich die 5.000 Mitglieder starken „Altstadtfreunde", zu denen auch der Steinmetz Harald Pollmann zählt, deutlich positioniert: Sie wollten das Gebäude von der Stadt erwerben und das Vorderhaus mit der repräsentativen Fassade von 1605 aufbauen. Doch da traten nicht nur die Kommunalpolitiker, die den Verkauf angestrebt hatten, auf die Bremse.

„Wenn das Pellerhaus aus den 1950ern abgerissen werden sollte, dann würde ich mich anketten, um es zu verhindern", sagt Architektin Brigitte Sesselmann lachend. Auch der Denkmalschutz meldete sich zu Wort. Ein Aus für das prominente Gebäude wäre „schlicht und einfach ein Gesetzesverstoß, der durch nichts zu rechtfertigen wäre", unterstrich der Nürnberger Denkmalschützer Nikolaus Bencker.

Die Sanierung in den nächsten Jahren sieht keine Fassadenänderung vor. Mittlerweile ist das Mayer'sche Pellerhaus zum „Denkmal von nationaler Bedeutung" hochgestuft worden. Architektin Sesselmann muss sich also nicht aus Protest gegen einen Abriss ans Gebäude anketten.

Wer das Renaissance-Erlebnis sucht, kann den wiederhergestellten Innenhof betrachten und sich daran freuen, auch wenn es eine Kopie ist und nicht das Original. Aber die Renaissance-Fassade des Pellerhauses bleibt: ein verschwundener Ort.

Hartmut Voigt

Hier war die Renaissancefassade des Pellerhauses:

Am oberen Ende des Egidienplatzes liegend, beherrschte es das ganze Areal.

Das Toplerhaus aus dem Jahr 1590 war eines der schönsten Renaissancehäuser Nürnbergs.

Toplerhaus
Renaissancebau mit Promifaktor

Wer in Nürnberg um das Jahr 1750 einem populärwissenschaftlichen Vortrag lauschen wollte, der pilgerte hinauf zum Paniersplatz. Dort unterhielt der Mathematiker und Astronom Georg Moritz Lowitz (1722-1774) ein interessiertes Publikum mit Erkenntnissen über Naturphänomene. „In den Arbeitsräumen seiner Wohnung im so genannten Toplerhaus konnten Laien Experimenten zu Elektrizität oder Luftdruck beiwohnen", erklärt Hans Gaab. Der ehemalige Mathematik- und Physiklehrer beschäftigt sich intensiv mit der Biografie des Wissenschaftlers und

Statt dem geschichtsträchtigen Toplerhaus steht heute hier ein Nachkriegsbau.

ist Mitglied der Astronomischen Gesellschaft in der Metropolregion Nürnberg.

Mit dem eingemauerten Fernrohr im oberen Stockwerk war die Wohnung des Mathematikers, Astronomen und Leiters der Nürnberger Sternwarte weithin sichtbar. Das Fernrohr diente aber keineswegs dazu, in die Ferne zu blicken, sondern fungierte als Zeiger einer etwas extravaganten Sonnenuhr. Dieses Erkennungsmerkmal war schön, aber nicht unbedingt erforderlich, um die Adresse zu finden, denn das Toplerhaus fiel allein schon durch seine Architektur auf. Der turmartige Renaissancebau besaß einen schmucken Filialgiebel und war eines der schönsten Privathäuser Nürnbergs. Benannt wurde es nach der Patrizierfamilie Topler, die es nach seiner Fertigstellung erwarb. Errichtet

„In den Arbeitsräumen seiner Wohnung im so genannten Toplerhaus konnten Laien Experimenten zu Elektrizität oder Luftdruck beiwohnen.“

hatte es 1590 der Steinmetz und Stadtbaumeister Jakob Wolff der Ältere (1546-1612). Zuvor hatte der Baumeister bereits das noch um einiges größer dimensionierte Pellerhaus gebaut, das damals wohl prächtigste Bürgerhaus der Stadt. Zudem wirkte er am Bau der Fleischbrücke mit.

„Hier in Nürnberg führte Lowitz, der wohl berühmteste Bewohner des Toplerhauses, noch ein relativ ruhiges Leben, verglichen mit den filmreifen Abenteuern, die folgen würden", sagt Gaab. Lowitz war Autodidakt und hatte sich die wissenschaftlichen Fähigkeiten selbst angeeignet. Der gebürtige Fürther stammte aus einfachen Verhältnissen. Sein Vater, ein Drahtzieher, verstarb früh. Schon in jungen Jahren unterstützte Lowitz seine Mutter, indem er bereits als Neunjähriger anderen Kindern Unterricht in Rechnen, Lesen und Schreiben gab. Ob Lowitz eine Lehre als Goldschmied absolvierte, ist umstritten. Jedenfalls bildete er sich zeitlebens im Bereich der Naturwissenschaften weiter.

NUREMBURG. Peterson's House.

Die Abbildung des Toplerhaus', stammt aus der Zeit zwischen 1860 und 1890.

Durch seine mathematischen Fähigkeiten konnte Lowitz eine Stelle in der Landkartendruckerei von Homanns Erben in Nürnberg antreten, die sich im Fembohaus befand, dem heutigen Nürnberger Stadtmuseum. Bei den dort neu produzierten Landkarten hatte man sich äußerst erfolgreich einer Projektionsvorschrift bedient, die der Wittenberger Mathematiker Johann Matthias Hase (1684-1742) entwickelt hatte. Doch hatte Hase seine Vorschrift mit ins Grab genommen – Lowitz gelang es aber, diese Vorschrift neu auszutüfteln.

Das Toplerhaus war für Lowitz in mehrfacher Hinsicht eine gute Adresse. Natürlich war es ein nobles, herrschaftliches und damit äußerst repräsentatives Haus. Es lag für den Astronomen und Mathematiker aber auch günstig. Das Egidiengymnasium, an dem er ab 1751 angehende Studenten in Mathematik unterrichtete, war nicht weit, und auch zur Nürnberger Sternwarte gelangte er von seiner Wohnung aus schnell zu Fuß. Diese befand sich zu jener Zeit an der Vestnertorbastei auf der Nürnberger Kaiserburg. Georg Christoph Eimmart (1638-1705) hatte dort 1678 Nürnbergs erste Sternwarte installiert. Sie bestand schon ein Dreivierteljahrhundert, als sie Georg Moritz Lowitz übernahm.

Leider befand sich das Observatorium bis auf ein kleines Gebäude im Freien, und so waren die Instrumente im Laufe der Zeit schlichtweg unbrauchbar geworden. Man muss sich unter der „Sternwarte" im Grunde genommen im Freien stehende große Fernrohre, Zirkel und Sextanten vorstellen, die der Witterung nicht standhielten. Nur wenige intakte Messinstrumente,

Hans Gaab schreibt eine Biografie über den aus Fürth stammenden Astronomen und Mathematiker Georg Moritz Lowitz.

die in einem kleinen Gebäude untergebracht waren, fand Lowitz noch vor – ein „copernicanisches Planetarium" aus dem Jahr 1680, also ein Modell des Sonnensystems, das den Lauf der Planeten veranschaulicht, ist jetzt noch im Kaiserburgmuseum, einer Außenstelle des Germanischen Nationalmuseums, zu besichtigen. Lowitz strebte einen Neubau der Sternwarte an. Doch dafür fehlte ihm letztlich die Unterstützung im Stadtrat.

Aus Enttäuschung verließ der Astronom die Stadt und folgte 1755 einem Ruf an die Göttinger Universität. Von da ab reihte sich in seinem Leben ein Schicksalsschlag an den anderen: Lowitz' erste Frau starb bald, und von den Kindern seiner zweiten Frau, die ebenfalls nicht lange lebte, überlebte nur ein Sohn. Aus seinem Vorhaben, Erd- und

Himmelsgloben herzustellen, wurde nichts. Der Wissenschaftler hatte bereits in Nürnberg an kleinen Modellen von Erd- und Himmelsgloben gearbeitet und wollte sie in größerem Maßstab gewerbsmäßig produzieren. Doch in Göttingen mangelte es an Material und geschickten Handwerkern. Dann kam noch der Siebenjährige Krieg (1756-1763) dazwischen: In dessen Verlauf wurde Lowitz' Göttinger Haus von französischen Soldaten besetzt und sein Karten- und Globenlaboratorium als Pferdestall benutzt. Dass dieses Unternehmen misslang, verärgerte seine Geldgeber, die dieses Projekt großzügig unterstützt hatten. In Göttingen war Lowitz nicht mehr gut angesehen. Jetzt kehrte er der Stadt notgedrungen den Rücken.

Der Astronom und Mathematiker Georg Moritz Lowitz hielt in seiner Wohnung im Toplerhaus populärwissenschaftliche Vorträge.

„Georg Moritz Lowitz stand schon seit langem in Briefkontakt mit dem berühmten Mathematiker Leonhard Euler, der ihm eine Stelle an der Akademie von Sankt Petersburg vermittelte", sagt Hans Gaab. Am Kaspischen Meer konnte er 1769 bei einer Expedition der St. Petersburger Akademie den damaligen Venustransit beobachten. Dramatisch war sein Tod: Bei Vermessungsarbeiten in der Nähe von Wolgograd wurde er 1774 von aufständischen Rebellen überfallen und ermordet. „Erst gespisset und hernach aufgehangen", wie es im *Nürnbergischen Gelehrtenlexikon* des Pfarrers und Lokalhistorikers Christian Conrad Nopitsch (1759-1838) hieß.

Kleine Globen mit einem Durchmesser von ungefähr zehn Zentimetern, die Georg Moritz Lowitz in Nürnberg zu Werbezwecken herstellte, sind noch erhalten, ebenso einige seiner Himmelskarten und astronomische Schriften, die sich im Besitz der Nürnberger Stadtbibliothek befinden. Hans Gaab erzählt die Geschichte des Mathematikers, Kartographen und Astronomen in einem Zug, hat er doch, bevor er sich mit Georg Moritz Lowitz beschäftigte, bereits den „Nürnberger Astronomieweg" mit 25 Stationen entwickelt. Den Charakter von Lowitz beschreibt sein Biograf Hans Gaab zusammenfassend als wohl „sehr eigenwillig und schnell aufbrausend, wenn sein Talent nicht richtig erkannt wurde, oder wenn es nicht nach seinen Vorstellungen ging". Doch vermutlich hätte sich der Wissenschaftler gefreut, wenn er gewusst hätte, wie sich die Mathematik und ihre angewandten Methoden entwickeln würden. Von diesen hat Johannes Tscharn (geb. 1991) profitiert.

Dank spezieller Computerprogramme war es dem ehemaligen Studenten der Technischen Hochschule Nürnberg Georg Simon Ohm möglich, eine überzeugende 3-D-Rekonstruktion des Toplerhauses zu erstellen. Wieder sind es mathematische Methoden, mit deren Hilfe Realitäten vor Augen geführt werden – sei es im Bereich der Astronomie oder in Gestalt eines prächtigen historischen Bauwerks, das von 1590 bis 1945 in Nürnberg stand.

Maria Inoue-Krätzler

....

Hier stand das Toplerhaus:

Es befand sich am Paniersplatz zwischen der Unteren und Oberen Söldnersgasse.

Die Hauptsynagoge vom Hans-Sachs-Platz aus gesehen. Vorne rechts ist noch der Eingang zur Heilig-Geistkirche erkennbar, die im Zweiten Weltkrieg weitgehend zerstört wurde.

Hauptsynagoge
Prächtiges jüdisches Gotteshaus

Arno Hamburger ist regelmäßig in die prächtige Hauptsynagoge an der Pegnitz gegangen. Im Jahr 1936 feierte der
13-jährige Nürnberger seine Bar Mizwa in dem Gebäude
im maurischen, orientalischen Stil. Damit wurde er als voll-
wertiges Mitglied in die jüdische Gemeinschaft aufgenommen. „Er
durfte dann auch auf Hebräisch aus der Tora vorlesen. Das war nicht
einfach, er musste sich gut vorbereiten", berichtet sein Sohn Jo-Achim
Hamburger, Vorsitzender der Israelitischen Kultusgemeinde Nürnberg (IKGN). Sein Vater war beeindruckt von dem großartigen Innen-

Blick über den Hans-Sachs-Platz: Statt der Hauptsynagoge steht hier heute ein Wohnhaus in Ziegelbauweise (rechts im Hintergrund).

raum, von der ruhigen Atmosphäre, die in der Synagoge am Spitalplatz (später: Hans-Sachs-Platz) herrschte. Die bunte Glasrosette, die hohen Strebepfeiler mit den Rundbogengewölben, die zahlreichen Ornamente, die Weite und Höhe – das alles faszinierte viele Besucher.

Doch 1938 enteigneten die Nationalsozialisten das Gotteshaus und ließen es abreißen. NS-Oberbürgermeister Willy Liebel (1897-1945) forderte den berüchtigten Gauleiter Julius Streicher (1885-1946) dort bei einer Kundgebung am 10. August auf, „das Wahrzeichen der Judenherrschaft in Nürnberg, die Hauptsynagoge, dem Erdboden gleichzumachen". Der furchtbare Antisemit Streicher, Herausgeber des Hetzblattes *Der Stürmer*, tönte vor der versammelten Menschenmenge, die seine Rede mit „Sieg-Heil-Rufen" begleitete: „Heute brechen wir hier eine Synagoge ab und niemals wieder wird sie errichtet." Dann rief der Nationalsozialist: „Ihr Nürnberger Arbeiter, die ihr einst Sklaven der Juden gewesen seid und die ihr jetzt freudig mithelft, das neue Reich Adolf Hitlers zu bauen, nun gebe ich Euch den geschichtlichen Befehl: Fanget an!" Mit einem dumpfen Schlag fielen die beiden Kandelaber am Synagogeneingang. Gleichzeitig drehte sich ein Kran, um den Stern von der mittleren Kuppel herunterzureißen. Arno Hamburger beobachtete die Zerstörungsaktion von einem Versteck am nahe gelegenen Schuldturm aus. Er hielt sich verborgen, denn er hatte Angst, als Jude von den Nazis misshandelt zu werden. Der komplette Abriss zog sich bis Ende September hin, weil er wegen des Nürnberger NS-Reichsparteitags mehrfach unterbrochen wurde.

Die Nürnberger Hauptsynagoge war 1874 nach den Plänen des Architekten Adolf Wolff (1832-1885) errichtet worden. Sie war ein Zeichen des Selbstbewusstseins der jüdischen Gemeinde mit ihren damals etwa 2.000 Mitgliedern. Viele von ihnen waren wirtschaftlich erfolgreich und beteiligten sich mit Spenden und Stiftungen an der Entwicklung der Stadt. Bei der Einweihung des Gotteshauses hatte Bürgermeister Karl Otto Stromer von Reichenbach (1831-1891) die Synagogentüren mit dem Schlüssel geöffnet. Während eines anschließenden Festbanketts hatte er seine Freude über diese Ehre ausgedrückt, nachdem einer seiner Vorfahren, Ulrich Stromer, die Juden 1349 mit Feuer und Schwert verfolgt hatte. Erst seit sie 1850 das Nürnberger Bürgerrecht erwerben konnten, schienen die Juden in der Mitte der Gesellschaft angekommen. Doch der seit Jahrhunderten immer wieder aufbrechende Antisemitismus machte sich schon nach dem Ersten Weltkrieg erneut bemerkbar: Juden wurden in Nürnberg auf der Straße angerempelt, man überreichte ihnen „Fahrkarten nach Jerusalem" und die Hauptsynagoge musste bewacht werden, um Beschädigungen zu verhindern.

Bei der kompletten Zerstörung der Gebetsstätte im Jahr 1938 blieb trotzdem etwas erhalten: die Orgel. Der katholische Geistliche Johann Roth hatte frühzeitig von den Abrissplänen erfahren und das Instrument für 3.000 Reichsmark erworben. Ob diese Summe an die jüdische Gemeinde ging, ist ungeklärt – erscheint jedoch angesichts anderer Zwangsverkäufe und Arisierungen als unwahrscheinlich. Die Orgel wurde in die katholische Nürnberger Pfarrkirche St. Karl Borromäus eingebaut und begleitete den Gesang der Gläubigen im Gottesdienst. Nach dem Zweiten Weltkrieg musste sich die Kirchenstiftung aber vor der „Wiedergutmachungsbehörde III Ober- und Mittelfanken" verantworten. Schließlich kam es zu einem Vergleich: Die katholische Gemeinde zahlte weitere 2.000 Mark und durfte das Pfeifeninstrument behalten. Allerdings war die Orgel 1963 nach Expertenmeinung in einem so desolaten Zustand, dass man sie durch ein neue ersetzte.

Am Ort der einstigen Hauptsynagoge befand sich nach dem Zweiten Weltkrieg eine Grünfläche, später wurde ein Wohnhaus mit roter Ziegelwand darauf gebaut. Hier hat auch Psychotherapeutin Rose Riecke-Niklewski Praxisräume: Von ihrem Fenster aus blickt sie auf das Synagogendenkmal, das dort 1988 – 50 Jahre nach der Zerstörung der Hauptsynagoge – errichtet wurde. Hier finden jährliche Gedenkveranstaltungen statt. Passanten bleiben stehen, lesen den erklärenden Text, doch nicht alle haben offenbar ein Gespür für diesen Ort: „Einmal musste ich mein Fenster aufreißen und hinunterrufen, weil ein Hundebesitzer seinen Vierbeiner dort pinkeln lassen wollte", sagt Riecke-Niklewski. Ein andermal wurde die Stele mit Farbe beschmiert.

Ein detailgetreues Modell der alten Hauptsynagoge steht im heutigen Gemeindezentrum der IKGN im Stadtteil Herrnhütte. Vorsitzender Jo-Achim Hamburger hält es für wichtig, die Erinnerung zu bewahren, aber gleichzeitig nach vorne zu schauen. Seine jüdische Gemeinde hat 2021 rund 2.500 Mitglieder. „99 Prozent sind Kontingentjuden aus der Sowjetunion, die in den 1990ern nach Nürnberg gekommen sind", berichtet er, „wir hofften auf eine geistige Bereicherung. Aber diese Menschen waren säkular ausgerichtet, westlich orientiert und im System der sowjetischen Planwirtschaft verhaftet. Heute können wir mit Stolz bescheinigen, dass es uns gelungen ist, die zweite und dritte Generation in unserem Lande zu integrieren, das war eine Mammutaufgabe." Man habe ein abwechslungsreiches Gemeindeleben auf den Weg gebracht. Es sei für alle Beteiligten eine große Herausforderung gewesen, als Gemeinde zusammenzuwachsen.

Hartmut Voigt

....

Hier stand die Hauptsynagoge:

Die Hauptsynagoge von Nürnberg befand sich am Hans-Sachs-Platz.

Zur Erinnerung an mein Lazarett im Weltkrieg 1914-15.
Vereinslazarett Colleg Nürnberg

Kaufmann Georg Zacharias Platner, Initiator der ersten Eisenbahn Deutsch-
lands, stiftete den Bürgern Nürnbergs einen Volkspark im Stile eines englischen
Landschaftsgarten: die sogenannte Platnersanlage.

Platnersanlage

Straße contra Volkspark

S o kann's gehen: Nach einem Biergartenbesuch kam Sebastian
Gulden ins Grübeln. „Warum trägt die Gaststätte den idyllischen Namen Platnersanlage?" Wo sie sich doch ausgerechnet an einem verkehrsumtosten Platz, dem Friedrich-Ebert-
Platz, an der Ecke zur Bucher Straße im Stadtteil Johannis befindet?
„Einem zugereisten Johanniser fallen eben Dinge auf, die andere nicht
sehen", meint er lakonisch. Weil ihn die Frage nach der Platnersanlage
weiter beschäftigte, stellte der Kunsthistoriker Nachforschungen an
und fand heraus: Der Name geht zurück auf eine Grünanlage, die der

Der Friedrich-Ebert-Platz ist ein Verkehrsknotenpunkt in Nürnberg. Straßenbahnen, Busse, U-Bahn und Straßenverkehr müssen hier koordiniert werden. Ein wenig Grün ist dennoch auf dem Platz zu finden.

Kaufmann Georg Zacharias Platner (1781-1862), einer der Initiatoren der Ludwigseisenbahn, als öffentlichen Park anlegen ließ.

„1818 bis 1821 errichtete der Kaufmann außerhalb der Stadttore diesen Park im Stile eines englischen Landschaftsgartens und stiftete ihn der Nürnberger Bevölkerung. Der Garten war wenig formal angelegt, ganz anders als es Barockgärten mit ihrer strengen Ordnung zuvor waren", sagt Sebastian Gulden. Ohne strenge Symmetrie oder strukturierende Buchsbaumhecken, vielmehr sollte die Anlage der Natur so nahe wie möglich kommen. „Die Idee war, einen Park so zu gestalten, dass ihn die Menschen wirklich nutzen konnten, der zum Hindurchspazieren gedacht war, dazu, sich unter Bäumen niederzulassen, mit schattenspendenden Bäumen und Wiesen, die zum Picknicken einluden. Ein Ort, an dem Kinder spielen konnten", erklärt der denkmalpflegerische Gutachter. Jedermann hatte Zutritt: Der Parkbesuch kostete keinen Eintritt. „Dass ein Privatmann einen Garten zum Wohle der Bevölkerung stiftet, ist bei den Nürnbergern gut angekommen", sagt Sebastian Gulden. Die weitläufige Platneranlage erstreckte sich ungefähr auf dem Areal, das heute den Friedrich-Ebert-Platz ausmacht. Die Bucher Straße lief dabei quer durch den Park hindurch. Nach Norden erstreckte er sich bis hin zur Einmündung in die Kobergerstraße, nach Süden sogar bis etwa zum heutigen Staatlichen Bauamt Erlangen-Nürnberg in der Bucher Straße 30, also bis fast zur Pirckheimerstraße. Der Kaufmann hatte unweit davon für sich selbst eine kleine Villa im klassizistischen Stil bauen lassen, die von einem Privatgarten umgeben war. Dieses Anwesen lag der Platneranlage genau gegenüber auf dem Areal des Colleggartens, der neuerdings Archivpark genannt wird, und eines benachbarten Privatanwesens.

Auch an anderen Orten in der Stadt hat sich der Kaufmann für Grünflächen zugunsten der Bevölkerung eingesetzt. So hat er beispielsweise den Ausbau des heutigen Stadtparks gefördert. Am ehemaligen Judenbühl ließ Platner eine bestehende Gartenanlage mit Linden- und Rosskastanienalleen ab 1856 in einen Park im Stil eines englischen Landschaftsgartens mit einem künstlichen See inmitten der Anlage umgestalten. Er beteiligte sich auch an der Verschönerung des Dutzendteich-Volksparks und an der Gestaltung einer Grünanlage in Erlenstegen, die später nach ihm benannt wurde: dem *Platnersberg*. Der Kaufmann bewies also nicht nur beim Eisenbahnbau Weitsicht. Er zeigte sich auch als Visionär, der die Bedeutung von Grünanlagen für die Stadtbevölkerung richtig einschätzte.

„Nach Platners Tod blieb die Platneranlage lange rudimentär erhalten. Auch wenn sie ab 1880 zunehmend verändert wurde, bestanden Reste bis in die frühe Nachkriegszeit", sagt Gulden. „Der Straßenverkehr und die zunehmende Bebauung fraßen den Park jedoch nach und nach auf", bedauert er. Dass die Adresse Platneranlage dann im Jahr 1954 auf Betreiben des damaligen Oberbürgermeisters Andreas Urschlechter in Friedrich-Ebert-Platz umbenannt wurde, sei in gewisser Weise eine logische Konsequenz gewesen, meint der Bauhistoriker. „Denn von Platners Grünanlage ist in der Tat so gut wie nichts mehr übriggeblieben." Platners Landhaus gegenüber musste ebenfalls weichen. An seinem Platz wurde ein Clubhaus errichtet, das eine Vereinigung Nürnberger Bürger für gemeinsame Treffen nutzte. Die Colleg-Gesellschaft bestand schon seit 1781 und traf sich an wechselnden

Orten. Nach Platners Tod hatten die Collegianer bereits 1874 dessen ehemaligen Privatgarten erworben. Bald wurde ihnen ihr erstes Clubhaus zu klein. Für ein neues, viel größeres Vereinshaus engagierten die Collegianer den Architekten Emanuel von Seidel (1856-1919), der das Münchner Gärtnerplatztheater entworfen hatte. Es existierte, wenngleich im Krieg beschädigt, bis Mitte der 1950er-Jahre, den das Clubhaus umgebenden Colleggarten hingegen gibt es heute noch.

Wenn auch das Grün des ehemaligen Volksparks Platnersanlage mehr und mehr zurückgedrängt wurde, so blieb doch der Name lebendig, weiß Sebastian Gulden. Und zwar durch eine Gastwirtschaft, die sich am Rande des heutigen Friedrich-Ebert-Platzes an der Bucher Straße befindet. Seit dem Jahr 1908 trägt diese Wirtschaft mit Biergarten den Namen *Platnersanlage*. Zwar wurde das Gebäude an der Bucher Straße 67 im typischen Baustil der Nürnberger Vorstadthäuser 1983 im Zuge einer Straßenerweiterung abgerissen und durch einen Neubau ersetzt. Doch auch in dem neuen Gebäude befindet sich wieder eine Gastwirtschaft mit dem dazugehörigen alten Biergarten: die eingangs erwähnte Platnersanlage. Im Sommer kann man vom Biergarten des Lokals aus gen Osten auf ein wenig Grün blicken, auf den letzten Rest des einstigen Parks. Vor allem kann man auf den Archivpark, den vormaligen Colleggarten sehen, der aus dem Privatgarten von Georg Zacharias Platner hervorgegangen ist. Lange Zeit war diese Grünfläche ein wenig vernachlässigt worden, erfuhr bei der Platz-Umgestaltung im Zuge des U-Bahnbaus 2011 aber erneute Aufmerksamkeit, wurde aufgehübscht und bekam einen neuen Kinderspielplatz. Vielleicht hätte das auch seinem ehemaligen Besitzer gefallen.

Maria Inoue-Krätzler

Hier befand sich die Platnersanlage:

Sie erstreckte sich auf dem Areal des Friedrich-Ebert-Platzes und sogar etwas darüber hinaus: südlich bis hin zur Einmündung in die Kobergerstraße, nördlich bis kurz vor die Pirckheimerstraße.

*Unter den vielen Postkarten zur Landesausstellung 1906 finden sich zahllose Exemplare,
die den eigens dafür gebauten Leuchtturm im Dutzendteich zeigen.*

Leuchtturm

Meeresfeeling in Mittelfranken

Seit der Jahrtausendwende beschäftigt sich Jochen Pipke mit dem Nürnberger Leuchtturm, der einst am Dutzendteich in den Abendstunden Lichtsignale aufblitzen ließ. 1906 wurde er für die III. Bayerische Jubiläums-Landes-Industrie-Gewerbe- und Kunstausstellung errichtet, aber 1935 gesprengt, weil er den Nationalsozialisten im Weg stand.

Der Pensionär hat drei Ordner mit Material gesammelt. Er suchte im Stadtarchiv, im Staatsarchiv, in der Stadtbibliothek, im Germanischen Nationalmuseum und im Münchner Bayerischen Hauptstaats-

Blick von der Anlegestelle für Tretboote am Dutzendteich: Im Hintergrund ragt die einstige Kongresshalle der Nationalsozialisten in die Höhe. Sie ließen das Areal aufschütten und sprengten den Leuchtturm, der am linken Bildrand gestanden hatte.

archiv nach Informationen. Natürlich hat er auch Postkartenbörsen abgeklappert und rund 100 Aufnahmen des Leuchtturms in seiner Sammlung. Wo immer der frühere Sachbearbeiter der Bundesanstalt für Arbeit Hinweise aufstöberte, hakte er akribisch nach: Sein erster Weg hatte ihn ins Nürnberger Stadtarchiv geführt: „Ich habe dort unendlich viele Unterlagen gesichtet und auf einmal hatte ich die originalen, über 100 Jahre alten Leuchtturm-Pläne in der Hand. Das war ein tolles Gefühl."

Warum fasziniert ihn das weiß-rot gestreifte, längst verschwundene Bauwerk? „Ich bin an der Ostsee groß geworden, habe 50 Jahre in Lübeck gelebt", berichtet Pipke, „in meiner Jugend machte ich Praktika auf Schiffswerften. Da interessiert man sich für die maritimen Dinge." Als er in seiner jetzigen Heimat Nürnberg zufällig von dem Leuchtturm erfuhr, war für ihn klar: Dieser Sache muss er auf den Grund gehen. Nürnberg hat zwar einen Hafen, aber dorthin finden die Schiffe auch ohne Leuchtturm. Schließlich kann man sich am Main-

Donau-Kanal nicht verirren. Auf dem Dutzendteich ist die Orientierungshilfe für Segler und Ruderer ebenso überflüssig. Doch die Landesausstellung 1906, die an die 100-jährige Zugehörigkeit Nürnbergs zu Bayern erinnerte, wollte den Besuchern viele Besonderheiten bieten – so eben auch einen Leuchtturm, der eine Art Meeresfeeling in Mittelfranken hervorrufen sollte.

Rund 2,5 Millionen Gäste kamen zu der Schau am Dutzendteich. Die Masse der Postkarten mit dem Leuchtturm, welche die Gäste von dort verschickten, lässt erahnen, dass das Bauwerk im Dutzendteich ein Publikumsmagnet war. Über eine 20 Meter lange, weiße Eisenbetonbrücke gelangten Spaziergänger vom Ufer zu dem Bauwerk, ein Aufzug brachte sie zur Plattform in 19 Metern Höhe. Von dort hatten sie einen herrlichen Ausblick über die Landesausstellung, über den Dutzendteich und auf die Kaiserburg.

Das „Leuchtfeuer" war zwar kein echtes, blinkendes Seezeichen, sondern nur ein Scheinwerfer. Aber der beim Nürnberger Unternehmen Siemens-Schuckert hergestellte Stromabnehmer hatte es in sich: Die Bogenlampe vor einem Parabolspiegel-Reflektor soll die Leistung von 42 Millionen Kerzen gehabt haben. Die Tageszeitung *Fränkischer Kurier* berichtete Jahre später bei einer Rückschau auf die Landesausstellung von 1906 noch begeistert, dass „nachts von seiner Höhe aus ein Scheinwerfer mit seinen wie ins Endlose hinausschießenden Strahlen die Dunkelheit nach allen Richtungen durchdrang".

Die Nürnberger Firma Houzer, ein Spezialist für Schornsteinbau und Feuerungsanlagen, hatte den insgesamt 27 Meter hohen Turm mit Backsteinen und Zementmörtel nach einem Entwurf des Architekten Fritz Haas gebaut – im Grunde war es nichts anderes als ein Kamin. Der „Schornstein" brauchte ein festes Fundament, denn er konnte schließlich nicht auf den schlammigen Untergrund gebaut werden. Daher wurden 72 Holzpfähle in Kreisform bis zu drei Meter tief in den Boden gerammt. Nun konnte man aufbauen, ohne das Phänomen „schiefer Turm von Pisa" zu riskieren. „Das war kein Provisorium, sondern äußerst kompakt und mit einer Eisenbrücke verbunden", erklärt Jochen Pipke.

Nach dem Ende der halbjährigen Landesschau verkaufte die Ausstellungsleitung den Leuchtturm an die Stadt. Die Gesamtkosten hatten 33.098,60 Mark betragen, die Kommune bekam ihn für einen Bruchteil – nämlich 2.000 Mark. Allerdings konnte er nicht mehr besichtigt werden, hat Pipke ermittelt, denn neben dem Scheinwerfer wurde auch der Aufzug ausgebaut: „Er ist sehr heruntergekommen. Das Geländer wurde abgerissen, die Laternen sind verschwunden. Der Aufstieg wäre nur mittels Steigeisen, welche in 50 Zentimetern Abstand auf die ganze Höhe eingemauert waren, möglich gewesen." Der Turm diente gerade noch als Abstellort für Boote. So stand das malerische Unikum im Dutzendteich – zwar nicht von Wind und Wetter umtost wie am Meer, aber vom Zahn der Zeit abgenagt. Bereits 1925 war das Wahrzeichen so marode, dass die Stadt einen Abriss erwog.

Das Ende kam dann mit dem Nationalsozialismus. Hitler hatte den Nürnbergern ein Ultimatum gestellt, entweder für die „nächsten 100 Jahre den Reichsparteitag mit einigen Hunderttausend Teilnehmern auszurichten" und Platz für das nationalsozialistische Aufmarschgelände zu schaffen oder die Landschaft unberührt zu lassen. Bei den gewaltigen Fundamentierungsarbeiten für die Kongresshalle sprengte das Pionier-Bataillon 45 Neu-Ulm am 29. Oktober 1935 den beliebten Turm. Der Dutzendteich wurde an dieser Stelle aufgeschüttet. Dort steht heute der NS-Torso der Kongresshalle mit Dokumentationszentrum und Serenadenhof. Im Dokumentationszentrum Reichsparteitagsgelände ist übrigens ein Kurzfilm über die Sprengung zu sehen.

Immerhin hat es das verschwundene Denkmal vom Dutzendteich ins *Lexikon der deutschen Leuchttürme* geschafft. Und für Jochen Pipke geht die Spurensuche weiter: „Sobald ich neue Hinweise finde, gehe ich denen nach. Das Thema ist für mich nicht abgeschlossen."

Hartmut Voigt

Hier stand der Leuchtturm:

Er befand sich im Dutzendteich, dort, wo die einstige Kongresshalle der Nationalsozialisten (Bayernstraße 110) in den Himmel ragt.

*In unmittelbarer Nähe von Wohnsiedlungen befanden sich die
Baracken des KZ-Außenlagers der Siemens-Schuckertwerke.*

KZ-Außenlager

Die ganze Bandbreite an Verhaltensweisen

In unmittelbarer Nähe zu einem Wohngebiet gegenüber dem Südfriedhof standen im Jahr 1944 einige lang gestreckte Holzbaracken, umgeben von einem Stacheldrahtzaun; auf dem Gelände
befanden sich Splitterschutzgräben und Löschwasserbecken als
dürftige Schutzmaßnahmen gegen die Bombenangriffe. Bei dieser
Anlage handelte es sich um ein KZ-Außenlager der Siemens-Schuckertwerke, in dem 550 jüdische Mädchen und Frauen aus Ungarn
unter menschenunwürdigen Bedingungen lebten und für den Sie-
mens-Konzern Zwangsarbeiten verrichten mussten.

156

Die Baracken des KZ-Außenlagers sind längst verschwunden. Jetzt befindet sich hier ein Wohngebiet.

„Erstaunlich ist, dass es nahezu keine Augenzeugenberichte aus der Bevölkerung gibt, die das KZ-Außenlager oder die Frauen bemerkt haben", sagt Historiker Alexander Schmidt vom Dokumentationszentrum Reichsparteitagsgelände. Die Tochter des Friedhofwärters konnte bestätigen, dass es das Lager gab, sie hätte auch die Frauen gesehen. Damit stellt sie aber die Ausnahme dar. Bis vor einigen Jahren war die Existenz des KZ-Außenlagers inmitten der Stadt nahezu komplett aus dem kollektiven Bewusstsein verschwunden. Das Nürnberger Lager unterstand organisatorisch dem KZ Flossenbürg. Wo es sich genau befand, war lange nicht klar. Es existiert eine Luftbildaufnahme, die Historiker Alexander Schmidt mit einem Bebauungsplan des Geländes in Übereinstimmung bringen und so die Lage – schräg gegenüber dem Südausgang des Südfriedhofs, unweit des Roxy Kinos – exakt bestimmen konnte.

Als die 550 jüdischen Mädchen und Frauen im Oktober 1944 im Barackenlager am Südfriedhof ankamen, hatten sie zuvor Schreckliches erlebt. Nachdem sie nach Auschwitz verschleppt worden waren, wurden sie dort als arbeitsfähig eingestuft. „Auschwitz galt ja als die große ‚Sortieranlage'. An der ‚berühmten' Rampe des Konzentrationslagers mussten sich die Frauen aufstellen. Hier wurde entschieden, wer direkt in die Gaskammern kam und wer als tauglich für die Arbeitslager galt", erklärt Alexander Schmidt. Immerhin waren die Überlebenschancen der ungarischen Jüdinnen in Nürnberg größer als in Auschwitz. „Mitarbeiter der Siemens-Schuckertwerke waren nach Auschwitz gereist", fährt Alexander Schmidt fort, „um dort arbeitsfähige Mädchen und Frauen auszusuchen, die für den Konzern im Bereich der Rüstungsproduktion dringend gebraucht wurden." Die jüdischen Frauen und Mädchen im Alter zwischen 14 und 40 Jahren mussten in Nürnberg Zünder für Bomben herstellen. Teils arbeiteten sie in den Baracken im KZ-Außenlager, teils wurden sie mit bewachten Sonderfahrten der Straßenbahn ins nahegelegene Trafowerk der Siemens-Schuckertwerke an der Katzwangerstraße gebracht. Die Frauen lebten und arbeiteten im KZ-Außenlager in den vier ungeheizten Baracken unter menschenunwürdigen Bedingungen. „Die Mädchen und jungen Frauen bekamen zu wenig zu essen, auch waren sie unzureichend mit Kleidung versorgt. Es gab Schläge, entwürdigende Behandlungen. Das zeigt, dass es sich hier nicht um ein ‚gewöhnliches' Arbeitslager handelte, sondern dass das Lager Teil des KZ-Systems war", sagt der Historiker.

Alexander Schmidt zeigt auf der Stele auf das KZ-Außenlager.

Wie überlebt man ein Jahr Schrecken und Grauen? Magda Watts ist erst fünfzehn Jahre alt, als sie ins Nürnberger KZ-Außenlager kommt. Ihre Eltern und Geschwister sind zu diesem Zeitpunkt bereits in Konzentrationslagern ums Leben gekommen. Um sich zu trösten, stellt Magda Watts aus einfachsten Materialien eine Puppe her, die sie mit sich herumträgt. Als sie bei der Essensausgabe um Essen für ihr Kleines bittet, bekommt sie eine zusätzliche Ration. Daraufhin fertigt sie weitere Puppen oder Zeichnungen für Lageraufseherinnen im Austausch für etwas mehr Essen an.

Doch 40 Jahre nach ihrer Gefangenschaft im KZ-Außenlager brachen ihre seelischen Wunden wieder auf, sodass sie in einer Art Selbsttherapie das Herstellen von Puppen erneut aufgriff. Ihre Werke konnte Magda Watts auf zahlreichen Ausstellungen zeigen, sie wurde eine international anerkannte Künstlerin: Sie bildete die Szenen nach, die sie im Lager erlebt hatte, beispielsweise den Moment, in dem die inhaftierten Frauen einen Fliegerangriff erlebten und sich voller Angst in die kaum Schutz bietenden Splittergräben flüchteten. Ihre Figurengruppe zeigt Menschen mit vor Angst weit aufgerissenen Augen. Menschen, die sich in der Gruppe Schutz suchend aneinanderlehnen. Das war Magda Watts Strategie, das Erlebte zu verarbeiten. Ein anderer Ausweg ist für viele ehemalige Häftlinge das Schreiben: Agnes Rosza schrieb ein detailliertes Tagebuch über die Zeit im KZ-Außenlager. „Es ist einer der genauesten Zeitzeugenberichte über dieses System", erklärt Alexander Schmidt. Durch eine Veröffentlichung im Verlag Testimon rückte es ins Bewusstsein.

Alexander Schmidt meint, dass sich aus den Lebensäußerungen der Jüdinnen einiges lernen ließe: „Was sich in den Berichten der inhaftierten Frauen zeigt, ist, dass jeder Einzelne, der mit dem System in Berührung kam, eine Wahlmöglichkeit hatte zu entscheiden, menschlich zu handeln oder es im Gegenteil nicht zu tun und sogar mit Hass, Häme und Grausamkeit zu reagieren." Und er fügt hinzu: „Man musste ja nicht gleich zum Helden werden, aber es war möglich, sich in kleinen Dingen menschlich zu zeigen." Ein Lageraufseher hätte beispielsweise die Wahl gehabt, den Inhaftierten ganz einfach ihre Essensration zu lassen oder, wie es auch geschehen sei, ihnen die Fleischrationen wegzunehmen. „Wie sich herausstellte, gab es die ganze

Bandbreite an Verhaltensweisen", resümiert Alexander Schmidt und betont, „auch im Nachhinein hat man die Wahl, wie man sich zu dem Geschehenen positioniert." Er meint damit die Art und Weise, wie sich Aufseherinnen und Aufseher des KZ-Außenlagers später in Befragungen durch die Justiz zu ihrer Rolle äußerten. Sie konnten sich auch in dieser Situation entscheiden, Schuld einzugestehen, Bedauern zu äußern, oder aber Dinge kleinzureden oder sogar gutzuheißen.

Die Siemens-Arbeiterin Hilde Heck zum Beispiel hat sich für Menschlichkeit entschieden und sich mit der Lagerarbeiterin Suzana Perl angefreundet. „Sie hat ihr immer wieder Kleinigkeiten zugesteckt, ein Brot, einen Spiegel – und ihr gesagt, dass sie sie auch bei sich zuhause verstecken würde", berichtet der Historiker. Auf Vermittlung des Journalisten Thomas Muggenthaler ist es gelungen, dass sich die beiden Frauen später nach vielen Jahren treffen konnten. Das war der in Nürnberg inhaftierten Suzana Perl ein großes Anliegen gewesen.

Am 2. Januar 1945 schlugen Bomben auch im Nürnberger Süden ein und trafen die Baracken des KZ-Außenlagers. Im Februar war das Außenlager komplett zerstört. Daraufhin wurden die jungen jüdischen Ungarinnen für kurze Zeit im Zeltnerschulhaus in der Nähe des Opernhauses untergebracht. Auch darüber gibt es nahezu keine Augenzeugenberichte. Doch bei Alexander Schmidt hat sich ein älterer Herr gemeldet, dem ein Erlebnis aus seiner Kindheit nie aus dem Kopf gegangen ist: Er habe eine Gruppe von Frauen in schwarzen, ärmlichen Kleidern im Hof des

Auf der Grafik ist eine schematische Darstellung des KZ-Außenlager zu sehen.

Zeltnerschulhauses gesehen, die von „Aufseherinnen" angeschrien wurden. Solche Frauen habe er in seinem ganzen Leben noch nie gesehen gehabt. „Das waren die Frauen aus dem KZ-Außenlager der Siemens-Schuckertwerke", erklärt Alexander Schmidt. Bald darauf wurden die Mädchen und Frauen auf die ebenfalls zum KZ Flossenbürg gehörenden Außenlager Holleischen (Holysov, heute Tschechien) und Mehltheuer in Sachsen verteilt, wo sie schließlich befreit wurden. Sieben Frauen aus dem Lager in Nürnberg sind umgekommen und wurden auf dem Westfriedhof begraben. Die Todesursache ist unklar, wahrscheinlich sind sie bei einem Luftangriff gestorben. Die anderen jüdischen Frauen haben die Zeit im KZ-Außenlager überlebt.

Jetzt gibt es eine große Bereitschaft, sich mit dem Thema zu beschäftigen. „Es ist ein Glücksfall, dass von Seiten der heutigen Bevölkerung ein großes Interesse an einer Aufarbeitung der Geschichte um das KZ-Außenlager besteht", sagt Alexander Schmidt. Auch bei der Firma Siemens sei dieses Interesse vorhanden. Seit 2019 erinnern Gedenktafeln an das Schicksal der Frauen. „Jeder hat somit die Möglichkeit, sich mit den Fakten auseinanderzusetzen. Doch wie er das tut, welche Fragen er sich dazu stellt und welche Schlüsse er für sein Handeln daraus zieht, ist immer eine persönliche Entscheidung", sagt der Historiker.

> *„Es ist ein Glücksfall, dass von Seiten der heutigen Bevölkerung ein großes Interesse an einer Aufarbeitung der Geschichte um das KZ-Außenlager besteht."*

Maria Inoue-Krätzler

Hier stand das KZ-Außenlager der Siemens-Schuckertwerke:

Es befand sich in der Julius-Loßmann-Straße gegenüber dem Südausgang des Südfriedhofs.

Auf der Postkarte von 1907 ist das Warenhaus „H. TIETZ & Co." an der Inneren Laufer Gasse 24 zu sehen. Die Straßenbahn fuhr noch durch den Laufer Schlagturm, wie an den Schienen zu erkennen ist.

Warenhaus

Als der Massenkonsum begann

Eine Postkarte von 1907 zeigt ein stattliches Gebäude mit drei Etagen in der Nähe des bekannten Laufer Schlagturms. Besonders auffällig ist die Werbeschrift über den Erdgeschoss-Bögen: „H. Tietz & Co". Sie ist ein Hinweis auf den jüdischen Kaufmann Hermann Tietz (1837-1907), dessen Name in abgekürzter Form für die Warenhauskette „Hertie" stand.

Mehrere Mitglieder der Familie Tietz hatten im späten 19. Jahrhundert ein großes Netz von Kaufhäusern in Süd- und Norddeutschland aufgebaut. Das Zeitalter des Massenkonsums hatte mit der Grün-

Heute steht an der Stelle des Warenhauses das architektonisch anspruchsvolle Bürohaus Sebald Kontore, das 2015 bezogen wurde.

dung der Warenhäuser begonnen, die viele Produkte aus einer Hand anboten. Die Devise der neuen Konsumtempel war: billig verkaufen, um viel zu verkaufen und viel verkaufen, um billig zu verkaufen. Kleidung, Gardinen, Haushaltsgeräte, Schuhe, Spielwaren – alles ging über den Ladentisch.

Julius Tietz (1844-1911), der Bruder von Hermann Tietz, kaufte das repräsentative Anwesen Innere Laufer Gasse 24 im Jahr 1900 und richtete darin ein Warenhaus ein. Die Lage an der belebten Straße in der Sebalder Altstadt – damals fuhr dort noch die Straßenbahn – war strategisch gut gewählt. Auch wenn „H. Tietz" auf dem Schild des Hauses stand, so führte hier – wie auch in der älteren Filiale Königstraße 18 – Julius Tietz die Geschäfte.

Julius Tietz hatte mit der Inneren Laufer Gasse 24 ein traditionsreiches Haus mit Hof, Seitengebäude und einem Hinterhaus erworben. Akten des Stadtarchivs belegen, dass mit dem Gebäude seit dem 16. Jahrhundert eine Braugerechtigkeit verbunden war. Die Besitzer durften Bier brauen. Für 1529 ist eine „Eigenbehausung mit Brauerei" und Hausbrunnen verzeichnet. Im frühen 19. Jahrhundert sind ein Sudhaus und eine Gärkammer erwähnt. Mitte des 19. Jahrhunderts war Schluss mit dem Bierbrauen, der Zapfhahn wurde endgültig zugedreht.

Nach mehreren Eigentümerwechseln ging die Immobilie an Julius Tietz, der sie an seine vier Töchter vererbte. Eine verstarb 1923, die verbliebenen drei Schwestern verkauften das Anwesen 1939 an ihren Bekannten, den Kaufmann Theodor Hartner. Ob sie einen fairen Preis erhalten haben oder mit einem Bruchteil abgespeist wurden, wie dies bei vielen de-facto-Enteignungen von jüdischem Besitz während des Nationalsozialismus der Fall war, ist nicht bekannt. Doch selbst wenn die Schwestern eine angemessene Summe erhalten haben sollten, so hätten sie nicht mehr frei über den Betrag verfügen können. Die Nazis verhinderten das mit der „Verordnung über den Einsatz des jüdischen Vermögens" von 1938. Zwei Schwestern, Selma Cohn (1874-1940) und Else Dzialoszynski (1882-1947), gelang es noch, Deutschland zu verlassen und nach Palästina auszuwandern. Die dritte Schwester, Hedwig Dzialoszynski (1876-1942), wurde ein Opfer des Holocausts: Sie starb 1942 im Ghetto Theresienstadt.

Ihr früheres Haus in der Inneren Laufer Gasse 24 wurde im Zweiten Weltkrieg durch Bombenangriffe zerstört – wie 90 Prozent der mittelalterlichen Altstadt. Beim Wiederaufbau des Viertels entstanden Bausünden – unter anderem auch auf diesem Grundstück. Die Innungskrankenkasse (IKK) stellte nur einen hässlichen, niedrigen Kasten hin, mit Genehmigung der Behörden: ein graues, ödes Funktionsgebäude mit Flachdach. In den späten 1970ern stockte die IKK ihren trostlosen Firmensitz um zwei weitere Geschosse auf, ließ das Gebäude mit Sandstein verkleiden und setzte ein steiles fränkisches Ziegeldach oben drauf, wie es bereits der ursprüngliche Bauplan vorgesehen hatte. Das Nachkriegshaus steckte nun in einer neuen Hülle.

Im Jahr 2010 begannen jedoch die Planungen für den Neubau von „Sebald Kontore" auf diesem Grundstück, allerdings wurde das Bürohaus mit 2.300 Quadratmetern Nutzfläche erst 2015 fertig. Warum dauerte es so lange? „Es sollte ein sehr besonderer Bau werden und es war viel Überzeugungsarbeit bei der Stadt zu leisten", erklärt Architekt

Gerhard Wirth. Und auch umgekehrt: Der Nürnberger Baukunstbeirat, der zu wichtigen Fragen der städtebaulichen und architektonischen Gestaltung Gutachten abgibt, befasste sich intensiv mit „Sebald Kontore". „Da gab es heftige Diskussionen und viele Einwände", erinnert sich Baukunstbeirats-Mitglied Claudia Maué, „doch zuletzt hat der Architekt eingelenkt und fand die Anregungen gut."

Auch Laien fällt im Vorbeigehen auf, dass es sich nicht um ein beliebiges Gebäude handelt. Da ist ein sieben mal fünf Meter großes Fenster, das eine ganze Hauswand beherrscht. Es schließt nicht glatt mit der Außenmauer ab, sondern ragt wie ein überdimensionaler, herausgedrehter Monitor in eine kleine Grünfläche. Der Pfiff: In ihm spiegelt sich der historische Laufer Torturm und schafft einen attraktiven Alt-Neu-Effekt. Alle übrigen Fenster schließen bündig mit der Natursteinfassade ab und erzeugen eine moderne Optik.

Die qualitätvolle Bauweise hat ihren Preis, inklusive Grundstück und Abriss des Vorgängerhauses beliefen sich die Kosten auf elf Millionen Euro. „Das war fast doppelt so teuer wie ein normaler Bau", meint Architekt Wirth, „und bei der Stadt kamen gelegentlich Bedenken auf, was passiert, wenn der Bauherr sich dies nicht mehr leisten kann oder leisten will." Das erwies sich als unbegründet, der Eigentümer hielt den Standard hoch.

„Das Geschäftshaus ist wirklich gelungen, es wirkt mutig und spannend an dieser städtebaulich schwierigen Ecke", lobt Stadtheimatpflegerin Claudia Maué, „es setzt Akzente und ist eine sehr gute, selbstbewusste Lösung." An dieser hervorgehobenen Stelle beim Laufer Torturm sollte keine unauffällige, austauschbare Architektur entstehen, aber auch kein Protzbau.

Hartmut Voigt

Hier befand sich das Warenhaus:

Das Warenhaus H. TIETZ & Co stand an der Inneren Laufer Gasse 24.

*Lange war es für viele ein gewohnter Anblick: Die Front des Linde-Stadions,
auf der Eishockeyspiele angekündigt wurden.*

Linde-Stadion

Wenn das Bier im Becher gefriert

Wenn Günter Matzdorf die Äußere Bayreuther Straße entlangfährt, denkt er gerne an die Zeit zurück, als er im ehemaligen Linde-Stadion seine Schlittschuhe schnürte und gemeinsam mit Sonja Matzdorf-Pfersdorf Figuren auf dem Eis einstudierte. „Wir trainierten vor der Arbeit und hatten um sechs Uhr morgens die Bahn für uns allein", sagt der ehemalige Eiskunstläufer. „Weil das Stadion kein Dach hatte, mussten wir manchmal erst den Schnee wegräumen, bevor wir mit dem Schlittschuhlaufen beginnen konnten", erzählt er. Die zweite Trainingseinheit absol-

Das Einkaufszentrum Mercado steht am Ort des früheren Linde-Stadions.

vierte das erfolgreiche Eiskunstlaufpaar dann nach der Arbeit. Der Fleiß zahlte sich aus, denn in den Jahren 1965 und 1966 errangen die beiden jeweils den deutschen Meistertitel im Paarlauf und kamen jeweils auf Platz 5 der Weltmeisterschaften. 1968 zeigten die Eiskunstläufer ihr Können noch einmal bei einem Schaulaufen im Linde-Stadion vor dem Nürnberger Publikum. „Schon damals war mir klar, dass das Linde-Stadion nicht für die Ewigkeit gebaut wurde", sagt Günter Matzdorf. Er hatte bei internationalen Wettkämpfen überdachte Stadien und geheizte Hallen gesehen. Damit konnte das 1936 eröffnete Eisstadion nicht mithalten.

Wolf Arnold weiß, wovon Günter Matzdorf spricht. Der Nürnberger Eishockey-Experte hat im Linde-Stadion seit den 1970er-Jahren bis zum Ende der Halle im Jahr 2001 zahlreiche Eishockey-Spiele verfolgt. Auch bei Eiseskälte. „Manchmal ist das Bier im Becher gefroren, so kalt war es", erinnert er sich. Bei Temperaturen von bis zu minus 15 Grad auf der zugigen Zuschauertribüne auszuharren, war selbst für begeisterte Fans eine Herausforderung. Das erste Spiel, das Wolf Arnold von der Zuschauertribüne aus verfolgte, fand im Regen statt. „Der Puck blieb in Wasserpfützen hängen, und teilweise konnten die Spieler nicht mehr richtig über die Eisfläche skaten", erzählt er, das sei ernüchternd gewesen. Dennoch blieb er bei dem Sport, der ihn wegen der technischen und taktischen Raffinesse und vor allem wegen der hohen Geschwindigkeit fasziniert.

Wolf Arnold kennt sich bestens aus mit dem Nürnberger Eishockeysport und hat darüber eine Chronik von den ersten Spielen 1912 bis zum Ende der Eishockey-Ära im Linde-Stadion 2001 verfasst. „Früher war alles viel einfacher als heute", sagt er. Das heißt: schlichter, aber eben auch weniger komfortabel und weniger professionell. Er holt ein paar Gruppenfotos aus den 1960er-Jahren hervor, auf denen muskelbepackte Männer in einfachen Baumwolltrikots zu sehen sind. Torwarte hatten sich durch Lederschützer gegen scharfe Schüsse oder zu nahe kommende Kufen gewappnet. „Bei Regen sogen sich die Ledermonturen voll und müssen ein unheimliches Gewicht besessen haben", erklärt Wolf Arnold.

Auf einem anderen Foto sieht man Spieler, die während der Drittelpausen mit großen Schiebern Wasser von der Spielfläche entfernen. „Das wäre heute undenkbar!", kommentiert er. „Die Spieler waren in den Anfangsjahren noch sehr viel nahbarer, als es die Profis heutzutage sind", sagt der Eishockey-Experte. „Man konnte sie im Stadion-Restaurant nach einem Match antreffen und mit ihnen fachsimpeln." Und er ergänzt: „Zunächst kamen viele von ihnen aus der näheren Umgebung. Sie stammten aus den Stadtteilen Buchenbühl oder Ziegelstein oder sogar direkt aus der Nachbarschaft des Linde-Stadions." Bevor man im Linde-Stadion Schlittschuh lief, hatte es unweit davon, ebenfalls in der Äußeren Bayreuther Straße, bereits einen Vorgängerbau gegeben. 1896 wurde anlässlich der Bayerischen Landesgewerbe- und Industrieausstellung die „Künstliche Eisbahn Nürnberg" errichtet.

Carl von Linde (1842-1934) hatte zuvor ein Verfahren zur künstlichen Erzeugung von Kälte entwickelt – vor allem für Brauereien eine wichtige Entwicklung, aber auch Privathaushalte waren froh über diese Erfindung. Die „Gesellschaft für Lindes Eismaschinen" eröffnete Nürnbergs erste Kunsteisbahn und warb mit ihrem „Krystal-Kunst-

Eis", das „ausschließlich aus Trinkwasser der städtischen Wasserleitung" bestehe, weshalb dessen „Benutzung besonders auch vom gesundheitlichen Standpunkte aus nur zu empfehlen" sei. Damals benutzte die Bevölkerung dennoch lieber die zugefrorenen Seen, sodass Lindes „Künstliche Eisbahn Nürnberg", die erste Eisbahn im süddeutschen Raum überhaupt, bereits 1905 wieder schließen musste. Denn der Unterhalt der Kunsteisfläche rechnete sich nicht in dem Maße, wie sich das die Linde AG vorgestellt hatte – obwohl doch „die Nachfrage von Seiten des Publikums eine sehr große ist", wie es in einem Brief des Eislaufclubs Nürnberg vom 28.9.1905 an den Stadtmagistrat heißt.

Auch der Eishockey-Sport fand anfangs auf zugefrorenen Seen oder aber auf „Richters Natureisbahn" statt, die sich in der Nähe des späteren Eisstadions befand. Das war eigentlich eine Tennisanlage an der Bayreuther Straße, die bei entsprechender Kälte „gespritzt" und so in eine Eisbahn umgewandelt wurde. „1914 wurde Eishockey erstmals in einer Zeitungsnotiz erwähnt", sagt Wolf Arnold. Er selbst hat in seiner Jugend hobbymäßig mit Freunden Eishockey gespielt – damit erklärt er seine langanhaltende Begeisterung für den Sport. Philipp Seuffert, Nürnberger Eishockey-Pionier in der Zeit der Weimarer Republik, der es sogar in die Nationalmannschaft geschafft hat, trainierte ebenfalls im Freien. „Doch wenn es zu warm war, fuhren er und seine Kameraden zum Eishockey-Spielen nach Garmisch an den Rießersee", weiß Wolf Arnold. Wen wundert's, dass Philipp Seuffert ein richtiges Eisstadion in Nürnberg haben wollte und sich daher sehr für den Bau eines solchen einsetzte.

Den Nationalsozialisten galt das Eislaufen als ein Volkssport, den sie fördern wollten. Der Plan war, insgesamt 70 Eisstadien in Deutschland zu bauen. So unterstützten sie auch den Bau eines Eisstadions in Nürnberg. Wieder war es die Fima Linde, die das Stadion errichtete. Bei der Eröffnungsfeier des Linde-Stadions im Olympiajahr 1936 traten der Münchner Eisclown Benno Faltermeier und die junge norwegische Eiskunstlauf-Weltmeisterin Sonja Henie, genannt „das Häseken", in Anwesenheit von Oberbürgermeister Willy Liebel (1897-1945), Gauleiter Julius Streicher (1885-1946) und Polizeichef Benno Martin (1893-1975) auf. Nach dem Zweiten Weltkrieg unterstand das

Linde-Stadion den Amerikanern. Wolf Arnold hat Fotos von den sehr jung wirkenden Mitgliedern der amerikanischen Eishockey-Mannschaft „Tigers" in seinem Archiv. 1952 wurde das Linde-Stadion wieder der Stadt übergeben. Hier fanden Meisterschaften statt, bei denen die Nürnberger Schulen gegeneinander antraten. Im Stadion trainierten neben Eishockeyspielern auch Eiskunstläufer und zeitweise Eisschnellläufer. Auch Weltklasse-Eiskunstläufer Norbert Schramm lief auf dem Eis des Linde-Stadions, bevor er seinen Trainingsschwerpunkt nach Oberstdorf verlegte.

„In den 1950er- und 60er-Jahren gab es vor den Spielen und in den Pausen sogar Modeschauen auf dem Eis", berichtet Arnold. An den Wochenenden war beim Jedermannlaufen die Eisfläche voll, dabei wurde unter Musikbeschallung immer gegen den Uhrzeigersinn gefahren. Nur einige Hasardeure flitzten im Slalom und in voller Fahrt in der Gegenrichtung um das normale Schlittschuhvolk herum. Wolf Arnold hat hier seine Runden gedreht, später sah er sich dann auch, gemeinsam mit Frau und Kind, die Heimspiele der Nürnberger Eishockey-Mannschaft – damals der EHC 80 Nürnberg – an, die im Jahr 1994 endlich den langersehnten Aufstieg in die oberste Eishockeyliga schaffte. Legendär war ein Finale um die deutsche Meisterschaft in der Saison 1998/99. In den Play-Off-Finalspielen bedurfte es insgesamt dreier Heimspiele und zweier Auswärtsspiele der Mannschaft, die jetzt „Nürnberg Ice Tigers" hieß, gegen die „Adler Mannheim", um den Meister zu ermitteln. Dass die entscheidende fünfte Partie in Nürnberg von den Gästen gewonnen wurde, war zwar eine Enttäuschung, aber trotzdem waren die Fans stolz. „Schließlich war das Finale so packend, und man sah, auf welch hohem Niveau die Mannschaft spielte, das war einfach genial!", ist Wolf Arnold noch heute begeistert.

„In den 1970er-Jahren hielten Zuschauer immer öfter bei den Spielen Plakate hoch, die eine neu Eishalle forderten."

„In den 1970er-Jahren hielten Zuschauer immer öfter bei den Spielen Plakate hoch, die eine neue Eishalle forderten", sagt Wolf Arnold. Immerhin hatte das Stadion 1977 noch ein Dach bekommen. Doch da in Nürnberg auch internationale Wettkämpfe ausgetragen werden sollten, wurde mehr und mehr klar, dass das Linde-Stadion den aktuellen

Anforderungen nicht mehr genügte und eine Renovierung sich nicht mehr lohnte. Am 2. Februar 2001 fand das letzte Eishockey-Spiel im Linde-Stadion statt. Fans und Nostalgiker schauten es sich im übervollen Stadion an. Zuvor wurden die Nürnberger in einer Artikelserie der *Nürnberger Nachrichten* über Wochen seelisch-moralisch auf das bevorstehende Ende ihres Eisstadions vorbereitet. Dabei kamen ehemalige Sportreporter, Eisstockschützen, eine Jugendtrainerin, eine Senioren-Eislaufgruppe, der Eismeister und der Kassenwart zu Wort. Die „Nürnberg Ice Tigers" gewannen in ihrem letzten Match im Linde-Stadion gegen die „Moskitos Essen" mit 6:4. Doch das Ergebnis war nicht wichtig: Die Fans feierten Abschied von ihrem Stadion. In der letzten Viertelstunde stand das ganze Publikum. Ein Meer von Wunderkerzen wurde gezündet. Einige Fans wollten unbedingt die letzten sein, die das Linde-Stadion verließen, anderen war es wichtig, sich ein Stück aus dem Mauerwerk des Gebäudes als Souvenir zu sichern.

Am Ort des 2001 abgerissenen Eisstadions mitsamt dem dahinterliegenden Lindebad und dem benachbarten Straßenbahn-Betriebshof Nordost ist im Jahr 2003 das Einkaufszentrum Mercado, übrigens nach den Regeln des Feng-Shui, errichtet worden und erfreut sich mit seinen 80 Ladengeschäften großer Beliebtheit. Wolf Arnold sieht sich noch immer gerne Eishockeyspiele an. Und geht jetzt – da ist er völlig unsentimental – sehr gerne in die neben das Fußballstadion gebaute Arena am Dutzendteich, eine Mehrzweckhalle für Eishockeyspiele und Eiskunstlauf, in der auch Popkonzerte oder große Zaubershows veranstaltet werden.

Maria Inoue-Krätzler

....

Hier stand das Linde-Station:

Das Linde-Stadion befand sich in der Äußeren Bayreuther Straße 79.

*Die alte Norishalle, eine Konstruktion aus Glas und Stahl, stand früher am Stadtpark.
Später wurde sie dort abgebaut und am Altstadtring wieder errichtet.*

Norishalle

Vom filigranen Glaspalast zum Betonbunker

Wer das Gebäude am viel befahrenen Altstadtring zum ersten Mal sieht, ist ziemlich überrascht. Ein wuchtiger, riesiger Betonklotz baut sich vor dem Passanten auf: finster, kantig, überdimensioniert, massiv. Begeistern können sich meist nur Architekten, die das monumentale Denkmal des Betonbrutalismus – wie der Baustil in der Fachsprache heißt – mit geübtem Blick begutachten. Ein Glück, dass große Laubbäume zur Straße hin die triste Optik ein wenig verhüllen.

So sieht die Norishalle heute aus: Sie ist eines der wenigen noch existierenden Beispiele für den „Betonbrutalismus" der 1960er-Jahre.

Ursprünglich sah es auf dem Areal der an dieser Stelle abgebrochenen Stadtmauer ganz anders aus, geradezu konträr. Dort stand nämlich ein Glaspalast. Die Konstruktion aus Stahl und Glas war einst als Kunsthalle der ersten Bayerischen Landesausstellung von 1882 am Stadtpark genutzt und später hierher versetzt worden. Das filigrane, mit Türmen verzierte Gebäude diente als Pavillon für kunstgewerbliche Ausstellungen und als Gewerbemuseum: Die Besucher bekamen dort handgeknüpfte Gobelins zu sehen, auch Maler stellten ihre Werke aus. Wechselnde Kunstausstellungen lockten das Publikum in die am Rand der Altstadt gelegene Einrichtung. 1899 kam das Eisenbahnmuseum dazu, das bis circa 1925 seine Lokomotiven präsentierte – ehe es an seinen heutigen Standort neben der Staatsoper umzog.

Das Bayerische Gewerbemuseum (die heutige Landesgewerbeanstalt) als Eigentümer der Norishalle wollte neben kunstgewerblichen und künstlerischen Strömungen den rasanten technischen Fortschritt dokumentieren und fördern. Schließlich schlug in Nürnberg seit dem

19. Jahrhundert das industrielle Herz Bayerns. Hier war die Premiere für die erste Eisenbahnfahrt in Deutschland (in die Nachbarstadt Fürth), hier entwickelte sich ein Zentrum der Spielwaren-Produktion, hier fertigte die Schwerindustrie, hier gab es viele Innovationen.

Zurück zur Norishalle: Auch sie ging mit der Zeit. Im Vorfeld des Dürerjahrs 1928, anlässlich seines 400. Todestages, wurde das Gebäude komplett umgebaut. Aus der kunstfertigen, etwas verspielten Fassade mit ihren hohen Türmchen wurde ein geradliniger und ästhetischer Bau der „Neuen Sachlichkeit" für moderne Kunstausstellungen. Doch es ging auch um ganz praktische Themen des Alltags: Die städtischen Werke zur Energie- und Wasserversorgung warben für die Verwendung von Gas und Strom in den Privathaushalten. Denn viele Häuser wurden damals noch mit Kohle beheizt, entsprechend schlecht und verrußt war die Stadtluft. Im Nationalsozialismus fand dort allerdings ganz im Geiste der verqueren Ideologie die Schau „Macht des Blutes" statt. Bei Luftangriffen wurde die Norishalle 1945 vollständig zerstört.

Über zwei Jahrzehnte lag das Areal brach, bis die Landesgewerbeanstalt ein neues, spektakuläres Gebäude für Ausstellungen und ihr Grundbauinstitut in Auftrag gab. Der Fürther Architekt Heinrich Graber (1926-2001) setzte sich mit seinem Entwurf durch. Der mächtige Betonklotz wurde 1969 eingeweiht und blieb ein Solitär.

Die Stadt übernahm die neue Norishalle 1988, der damalige Oberbürgermeister Peter Schönlein wollte sie zum Teil seiner ambitionierten „Kulturmeile" machen. Das Stadtarchiv nutzte zunächst die Kellerräume als Außendepot und zog schließlich ganz ein. 2021 lagern hier acht Millionen Archivalien zur Geschichte Nürnbergs, das sind 20 Regal-Kilometer Akten, Dokumente und schriftliche Nachlässe. Pro Jahr kommen bis zu 400 Meter dazu. Der Platz ist knapp, es sind weitere Depots nötig. Wissenschaftler studieren im Lesesaal Originalquellen, immer mehr digitale Gäste benötigen Auskunft: Rund 30.000 Benutzungen registriert das Stadtarchiv insgesamt pro Jahr.

Antonia Landois ist eine der 42 Archiv-Beschäftigten. Beim Blick aus ihrem Bürofenster sieht sie grauen, nüchternen Beton, nämlich die gegenüberliegende Wand der Norishalle. „Mein erster Eindruck von dem Bauwerk war: kalt und abweisend", erzählt die Wissenschaftlerin, „doch je mehr man darüber weiß, desto mehr weiß man auch die

Qualität zu schätzen." So haben die Bauleute die Hölzer zum Verschalen des Betons nur einmal benutzt. Eine individuelle Maserung ist dadurch entstanden. Das lichtdurchflutete Atrium und das Treppenhaus, das immer wieder neue Perspektiven eröffnet, sind für Landois weitere große Pluspunkte. Auch wenn die schieren Betonmassen erdrückend wirken, so kommt ihr auf dem Weg ins Büro oft der Gedanke: „Es ist ein durchdachtes Haus mit hoher Funktionalität."

Von den 4.680 Quadratmetern Nutzfläche belegt das Stadtarchiv mehr als die Hälfte, „Mitbewohner" ist die Naturhistorische Gesellschaft (NHG). Neben Büros und Gruppenräumen gibt es 1.200 Quadratmeter Ausstellungsfläche, da lässt sich schon einiges über Amulette und Glücksbringer, über die Ära der Kelten oder auch über die alte Kultur und die aktuellen Konflikte im Jemen vermitteln. „Die Ausstellungsräume sind groß und hell, aber nicht für ein Museum gemacht", bedauert NHG-Vorsitzende Gabriele Prasser, „die Säulen stehen im Weg, wir dürfen wegen des Denkmalschutzes nichts dranhängen". Aus dem gleichen Grund kann sie auch ein mehrere Meter großes Saurier-Modell nicht vor die Türe stellen. Das würde sie liebend gern tun, um neben den jährlich rund 60.000 Besuchern weitere Neugierige anzulocken. Aber man sei sehr froh, an so prominenter Stelle die NHG-Schätze präsentieren zu können, meint Prasser.

Manchmal tauchen tatsächlich Gäste auf, die nicht wegen afrikanischer Masken oder Schmuck aus der Bronzezeit kommen. Es sind Experten, die sich für das Gebäude interessieren. „Einer hat mir erzählt, dass die Norishalle eines der letzten qualitätsvollen Beispiele für den Betonbrutalismus ist", berichtet die NHG-Chefin, „in anderen Städten habe man sie längst schon abgerissen."

Hartmut Voigt

....

Hier befand sich die Norishalle:

Vom Hauptbahnhof geht man am Königstor- und Marientorgraben entlang und erreicht in zehn Minuten die Norishalle.

Geradezu futuristisch wirkt der 1932 errichtete „Plärrer-Automat" – ein deutlicher Kontrast zu den Wohnhäusern aus der Kaiserzeit im Hintergrund.

Plärrer-Automat

Kultobjekt Straßenbahn-Wartehalle

E igentlich war es nur eine simple Wartehalle, die vor Regen, Sonne und Windböen schützen sollte, bis die Straßenbahn kam. Im Grunde nichts Anspruchsvolles, das die Fantasie eines Architekten besonders herausfordert. Und trotzdem: Das Gebäude, das Walter Brugmann (1887-1944) im Jahr 1932 auf den Plärrer, den zentralen Verkehrsknotenpunkt Nürnbergs, gesetzt hat, war etwas Besonderes. Es hat den Platz geprägt, an dem sich einst 13 Straßenbahn-Linien kreuzten. Das Bauwerk wirkte futuristisch und fand große Beachtung: Andere Städte orientierten sich daran und bau-

So sieht der Plärrer heute aus: In etwa dort, wo die Straßenbahn steht, befand sich bis zum Jahr 1977 der Plärrer-Automat.

ten ähnliche Umsteige- oder Wartehallen. Der sogenannte Plärrer-Automat war ein typisches Beispiel für das „Neue Bauen" in der Weimarer Republik. Man wollte weg vom Historismus der Kaiserzeit und entwickelte eine schlichte, reformistische Architektursprache. Architekt Brugmann setzte sich in der Weimarer Republik nachdrücklich für zeitgemäßes Bauen ein, die Stadtspitze unter dem liberalen Oberbürgermeister Hermann Luppe (1874-1945) unterstützte das: Nürnberg sollte neben dem mittelalterlichen Image auch ein modernes Gesicht bekommen.

Bei der Wartehalle war das mit einer Stahlskelett-Glas-Konstruktion gut gelungen. Auch ein Selbstbedienungsrestaurant gehörte dazu. Passanten konnten sich dort aus dem Automaten vorbereitete Snacks ziehen, die ein Stockwerk tiefer in einer Küche zubereitet wurden – daher stammte übrigens der Name „Plärrer-Automat" für die gesamte Anlage. Das Automaten-Essen war etwas bahnbrechend Neues für Nürnberg: der erste Fast-Food-Treff der Stadt! Es gab Häppchen für

unterwegs zum raschen Verzehr vor dem Einsteigen in die Straßenbahn.

Im Plärrer-Automaten waren anschließend an dieses runde Restaurant ein langgezogener Wartebereich und zum Abschluss ein
„stummes Postamt" untergebracht. Dort konnten Briefe und Karten
eingeworfen oder Marken gekauft werden. Es gab sogar öffentliche
Fernsprecher. Im Handy-Zeitalter belächelt man dies, aber in den
1930ern waren die verglasten Telefonzellen eine Rarität. Aus der
Vogelperspektive sah das gesamte Bauwerk wie der Buchstabe „P" aus
–„P" für Plärrer.

Ein Jahr nach der Eröffnung des Plärrer-Automaten, also 1933,
trat Brugmann der NSDAP bei: „Der Architekt hat sich von den Nationalsozialisten vereinnahmen lassen,
er war eine ambivalente Persönlich-
keit", meint Historiker Daniel Gürtler
vom „Verein Geschichte Für Alle".
Der Stadtbaurat sollte nun auf Anweisung der Nationalsozialisten die „Ent-
schandelung und Arisierung" der
Altstadt vorantreiben. So ließ Brugmann auf Drängen von NS-Gauleiter Julius Streicher (1875-1946) das nur wenige Jahre zuvor errichtete Planetarium am Rathenauplatz abreißen – für die Nationalsozialisten war es ein verhasster Symbolbau der Weimarer Republik. Auch
den Abbruch der Hauptsynagoge wickelte der städtische Mitarbeiter
technokratisch ab. Später war er für Planungen und organisatorische
Fragen beim Bau des Reichsparteitagsgeländes zuständig, nicht aber
für die Errichtung von Kongresshalle und NS-Tribüne.

Sein Plärrer-Automat – obwohl ebenfalls ein typisches Bauwerk
der Weimarer Zeit – überstand zwar die „architektonische Säuberung".
Ein Luftangriff britischer Bomber zerstörte jedoch 1944 die Wartehalle, das runde Selbstbedienungs-Restaurant blieb unversehrt. Der
einst offene Wartehallen-Bereich wurde nach Kriegsende in geschlos-
sener Form neu errichtet, dort zog später eine Filiale des „Amtlichen
Bayerischen Reisebüros" ein. Wer auf die Straßenbahn nach Schwei-
nau, Erlenstegen oder Fürth wartete, konnte nun auch von weiter entfernten Reisezielen wie dem Gardasee oder Südtirol träumen.

> *„Der Architekt hat sich von
> den Nationalsozialisten ver-
> einnahmen lassen, er war eine
> ambivalente Persönlichkeit."*

Mitte der 1960er-Jahre wurde der hintere Teil des „Plärrer-Automaten" entfernt – wo sich das „stumme Postamt" befunden hatte. Die Neuverlegung von Straßenbahngleisen reduzierte das Bauwerk auf das Selbstbedienungs-Restaurant und einen kurzen Stumpf. Beim U-Bahn-Bau wurde 1977 schließlich der verbliebene Rest des „Plärrer-Automaten" trotz anhaltender Proteste abgerissen. „Es gab zwar Überlegungen, ihn zu versetzen, aber daraus wurde nichts", erzählt Historiker Gürtler, „es mangelte zu jener Zeit an Gespür für die architektonische Einzigartigkeit."

Dem heutigen Unterstand sowie dem U-Bahn-Abgang fehlt die Leichtigkeit des Vorgänger-Baus. Insgesamt wirkt der Plärrer trostlos und öde. Es ging bei der Gestaltung in den 1970ern hauptsächlich um die Funktionalität: Straßenbahnen, Busse, U-Bahnen, Autos, Radfahrer und Fußgänger sollten sich am verkehrsreichsten Platz Nürnbergs nicht in die Quere kommen. Die Aufenthaltsqualität ist gering: „Der Plärrer ist leider ein Unort, von dem man schnellstens flieht", merkte eine Architekturkritikerin an. Die Behauptung, Nürnbergs hässlichster Platz zu sein, lässt der städtische Baureferent Daniel Ulrich aber nicht gelten: „Der Plärrer ist kein städtischer Platz, es ist heute eine Verkehrsdrehscheibe. Hier geht es nicht um idyllischen Aufenthalt und Entspannung wie in einem Park, in dem man sich erholen will. Man will von A nach B, aber das muss dann trotzdem angenehm sein."

Die Chance dazu besteht: Bis 2027 soll der Plärrer rundum saniert werden. Eine Neuauflage des „Plärrer-Automaten" wird es aber nicht geben.

Hartmut Voigt

....

Hier stand der Plärrer-Automat:

An der U-Bahn-Station Plärrer, dort, wo sich heute der überdachte Treppenabgang zu den U-Bahnen befindet.

Der Schocken traf den Nerv der Zeit. Um die 10.000 Menschen drängten sich vor dem Eingang des Kaufhauses, um das neuartige Angebot in Augenschein zu nehmen.

Kaufhaus Schocken

Moderne in der Südstadt

„Wenn nachts die langen Fensterbänder im Kaufhaus Schocken leuchteten, muss der Bau auf die Leute damals wie ein Ufo gewirkt haben", sagt Markus Heidebroek. 1926 hatte Architekt Erich Mendelsohn (1887-1953) das überaus moderne Kaufhaus am Aufseßplatz im Auftrag der Brüder Simon (1874-1929) und Salman Schocken (1887-1953) errichtet. Die Geschichte des Schocken fasziniert Markus Heidebroek. „Das Kaufhaus boomte", sagt der Hobbyhistoriker. Kein Wunder, denn die Brüder verstanden was vom Marketing: Zum Beispiel ließen sie einen Film

Hier errichtet die Ten-Brinke-Gruppe das Schocken-Carré: einen Gebäudekomplex mit Wohnungen, Supermarkt und Kindergarten.

über den Eröffnungstag drehen: Darin ist zu sehen, wie sich am 11. Oktober 1926 eine große Menschenmenge vor dem Kaufhaus drängte. Auch eine Postkarte zur Eröffnung des Schocken wurde zu Werbezwecken gedruckt.

Vor der Errichtung ihres Kaufhauses in Nürnberg hatten die Brüder Simon und Salman Schocken bereits einige Kaufhäuser in kleineren Orten in Sachsen gegründet. Das Nürnberger Warenhaus war jedoch das erste in einer Großstadt – und außerhalb Sachsens. Es war auch das erste, für das sie den Star-Architekten Erich Mendelsohn engagierten. Der war zum Beispiel durch den ikonischen, stromlinienförmigen „Einsteinturm", die Sternwarte in Potsdam, bekannt geworden. „An den Wochenenden fuhren sie gemeinsam mit dem Auto von Zwickau nach Nürnberg, um die Baufortschritte in Augenschein zu nehmen. Das zeigt, wie sehr ihnen das Kaufhaus am Herzen lag", erläutert Markus Heidebroek, der sein Wissen auch bei Führungen für den Verein „Geschichte Für Alle" bereitwillig teilt.

Das Gebäude in seiner schnörkellosen Sachlichkeit fiel im Stadtbild auf. Mit den die Horizontale betonenden, durchgehenden Fensterbändern und dem Flachdach war der Schocken der erste wirklich moderne Bau in Nürnberg. „Er wurde in der Stadt durchaus kontrovers diskutiert, so dass sein Weiterbau sogar eine Zeitlang in Frage stand", erläutert Michael Heidebroek. Doch die Handschrift des Architekten setzte sich durch – nicht nur in Nürnberg: Später baute er in einer Art Corporate Architecture in der Ästhetik der Sachlichkeit weitere Schocken-Kaufhäuser in Stuttgart und Chemnitz.

Markus Heidebroek fasziniert die Geschichte des Schocken. Darüber hinaus vermittelt er in Stadtteilführungen für „Geschichte Für Alle e. V." zahlreiche interessante geschichtliche Hintergründe.

Die hochmoderne Architektur passte perfekt, verwies sie doch auf die Neuartigkeit des Kaufhaus-Konzeptes insgesamt. Denn ein Kaufhaus, das mit seinem Sortiment speziell auf die mittleren bis unteren Einkommen der Arbeiterschicht abzielte, war ein Novum – zumindest in Nürnberg. „Gute Ware zu einem erschwinglichen Preis" wollten die Brüder Schocken anbieten: „Wir werden den Lebensstandard erhöhen und den Konsum demokratisieren", erklärte Salman Schocken. Dabei half ihnen eine moderne Firmenstruktur mit zentralen Einkaufsstellen in Nürnberg und Berlin. In den 1930er-Jahren gehörte der Schocken-Konzern mit 20 Filialen zur viertgrößten Kaufhauskette in Deutschland. Die Brüder Schocken unterhielten eine Warenprüfstelle, eine eigene Textilproduktion und eine eigene

Strumpffabrik. Ab 1929 führte Salman Schocken den Konzern alleine fort, nachdem sein Bruder Simon bei einem Autounfall ums Leben gekommen war.

Große Industriebetriebe wie MAN oder Siemens entstanden im Nürnberger Süden seit der Mitte des 19. Jahrhunderts. Um diese herum entwickelten sich große Arbeitersiedlungen. Hier gab es reichlich Kundschaft für das Kaufhaus. „Es war ein neuartiges Einkaufserlebnis. Die Leute konnten in den weiträumigen Hallen erst mal schauen. Es gab feste, angeschriebene Preise. Die Kunden bekamen das komplette Warenangebot unter einem Dach. Attraktionen waren eine Abteilung mit Verlobungsgeschenken, eine Schallplattenabteilung und ein Aufzug mit Liftboy. Das unterschied sich völlig vom herkömmlichen Einkaufen in kleinen Läden. Das muss man sich einmal vor Augen führen", unterstreicht Markus Heidebroek.

Der israelische Schriftsteller Amos Elon schrieb 2005 in der Zeitschrift *Le Monde diplomatique* über Salman Schocken: „Seine Kaufhäuser haben den Alltag der Konsumenten so sehr verändert, dass sie in den ersten Jahrzehnten des 20. Jahrhunderts in mehreren Romanen erwähnt wurden. […] Erstmals hatten auch Arbeiter die Auswahl zwischen sehr unterschiedlichen Farben und Modellen, und dies zu erschwinglichen Preisen. Der Anblick von Arbeitern mit Spazierstöcken begleitet von ihren Frauen in prächtigen, elegant sitzenden Kleidern erregte so viel Aufsehen, dass die örtlichen Zeitungen darüber schrieben."

Auch als Arbeitgeber zeigte sich Salman Schocken sehr sozial und bezahlte seine Angestellten übertariflich. Er richtete Mitarbeiterbibliotheken ein und baute ein firmeneigenes Erholungsheim im Vogtland. „Salman Schocken war Unternehmer, Verleger und jüdischer Intellektueller", so charakterisiert ihn Historiker Alexander Schmidt.

Von Anfang an waren die jüdischen Brüder Anfeindungen seitens der Nationalsozialisten ausgesetzt. Julius Streicher hetzte im nationalsozialistischen Propagandablatt *Der Stürmer* gegen die Eröffnung des Schocken. Ab 1933 wurde zu Boykotten aufgerufen. Die Nazis postierten „Wachposten" vor den Eingängen, die Kunden davon abhalten sollten, das Kaufhaus zu betreten. „Es gab auch tätliche Angriffe gegen die Firmenleitung", erklärt Markus Heidebroek.

1934 emigrierte Salman Schocken nach Israel. Der Schocken-Konzern war Ende 1938 vollständig arisiert unter dem Namen Merkur AG weitergeführt worden. Zwar erhielt Salman Schocken 1949 eine Entschädigung von 51 Prozent seines Grundkapitals. Doch er verkaufte diese Anteile 1953 an Helmut Horten.

In Jerusalem baute sich Salman Schocken ein neues Leben auf. Er übernahm die insolvente Tageszeitung *Ha'aretz*, kümmerte sich um seinen 1931 gegründeten Verlag und baute eine riesige Privatbibliothek auf, für die ihm wiederum Erich Mendelsohn 1934 den Bau lieferte. Amos Elon beschreibt Salman Schocken in *Le Monde diplomatique* als ein „Genie des Handels mit Massenware, als einen Selfmademan, der es im Deutschland der Zwischenkriegszeit nicht nur zum Kaufhauskönig gebracht hatte, sondern mit seiner weitgehend autodidaktischen Bildung auch zum Büchersammler, Verleger und Philanthropen wurde". Beispielsweise besaß Salman Schocken die Rechte am Gesamtwerk Franz Kafkas.

Die Verkäuferinnen des Schocken warten auf Kundschaft.

Das Nürnberger Kaufhaus am Aufseßplatz wurde 1943 von Bomben getroffen und stark beschädigt. Es folgten einige tiefgreifende Neustrukturierungen. 1958 wurde das Haus vergrößert. In dieser Zeit wurde auch die großzügige freischwebende Treppe im Inneren des Schocken errichtet, die seitdem Generationen von Kunden begeisterte. Architekt Egon Eiermann (1904-1970) verkleidete 1963 die Fassaden mit den auffälligen Betonwabensteinen, die seitdem die Außenhaut des Kaufhauses prägten. Die großzügigen Fensterbänder verschwanden darunter. Schließlich sollte jeder Zentimeter des Baus als Verkaufsbeziehungsweise Stellfläche genutzt werden. Da störten Fenster nur.

2012 war endgültig Schluss mit dem Kaufhausbetrieb am Aufseßplatz, zuletzt als Galeria-Kaufhof-Filiale. Mehrere Anläufe wurden gemacht, das Haus zu verkaufen. Bis dahin beherbergte es verschiedene Projekte der Zwischennutzung. Künstler stellten hier Werke aus und ein Team von Quartiersmanagern dachte in den ehemaligen Kaufhausräumen unter anderem über Ideen zur Gestaltung des Aufseßplatzes nach. 2020 wurde mit dem Abriss des ehemaligen Kaufhauses begonnen.

Auch nach verschiedenen Besitzer- und Namenswechseln – Merkur, Horten und Kaufhof – ist das Kaufhaus bei den Nürnbergern immer „der Schocken" geblieben. Selbst der Neubau, der jetzt am Aufseßplatz entsteht, wird den Namen Schocken weiter führen. Die Ten-Brinke-Gruppe errichtet hier das „Schocken-Carré", einen Baukomplex aus Wohnungen, Supermarkt und Kindergarten.

Maria Inoue-Krätzler

....

Hier stand das Kaufhaus Schocken:

Am Aufseßplatz, wo jetzt die Ten-Brinke-Gruppe das „Schocken-Carré" errichtet.

Quellen, Literatur, Bildnachweis

Arnold, Wolf: Sie kombinierten glänzend und schossen knallhart... Nürnberg 2001.
Artstation: „Toplerhaus". URL: https://www.artstation.com/artwork/KxQoW. Abgerufen am 02.06.2022.

Astronomieweg Nuernberg.de: „Nürnberger Astronomieweg". URL: https://www.astronomieweg-nuernberg.de. Abgerufen am 27.04.2022.

Baumann, Wolfgang; Diefenbacher, Michael; Herbers, Hiltrud; Krüger, Fred und Wiktorin, Dorothea (Hrsg.): Der Nürnberg Atlas. Vielfalt und Wandel der Stadt im Kartenbild. 2007.

Bauwelt 07/2015: Sebald Kontore in Nürnberg. URL: https://www.bauwelt.de/themen/bauten/Sebald-Kontore-Nuernberg-GP-Wirth-Architekten-2274094.html. Abgerufen am 17.06.2021.

Bayern online: „Die Geschichte des Bratwurstglöckleins". URL: www.bratwurstgloecklein.de (http://homepage-bayern-online.deindex.php?id=338). Abgerufen am 27.01.2022.

Beer, Helmut (Hrsg.): Das alte Nürnberg vor der Zerstörung. Nürnberg 2008, S. 7-19.
Beer, Helmut; Rosner, Maximilian: Grüße aus Nürnberg. Nürnberg in Ansichtskarten um 1900. Ausstellungskatalog des Stadtarchivs Nürnberg. Nürnberg 1993, S. 98-108, 130- 138, 174-188.

Böckel, Matthias (Hrsg.): Pellerhaus. Nürnberg 2009.

Brunner, Horst u. a.: Hans Sachs und Nürnberg. Nürnberger Forschungen 19, Nürnberg 1976.

Bühl-Gramer, Charlotte: Nürnberg 1850 bis 1892. Schriftenreihe des Stadtarchivs Nürnberg, Band 62. Nürnberg 2003, S. 104-247.

Bund Deutscher Architekten: Positionsbestimmung Pellerhaus. Eine Zusammenfassung. URL: https://www.bda-bayern.de/2017/12/positionsbestimmung-pellerhaus-eine-zusammenfassung/. Abgerufen am 10.06.2021.

Bunter Tisch Gartenstadt und Siedlungen Süd n.e.V. (u.a. Hrsg.): Von Auschwitz nach Nürnberg. Das KZ-Außenlager der Siemens-Schuckertwerke. Nürnberg 2020, S. 12-32.

csb: „22. Mai 1963: Im Herbst fallen die Kegel". In: Nürnberger Nachrichten vom 25.03.2013.

Diefenbacher, Michael; Endres, Rudolf (Hrsg.): Stadtlexikon Nürnberg. Nürnberg 1999.

Dies.: „Martha-Maria-Krankenhaus". In: Stadtlexikon Nürnberg. Nürnberg 2000.

Dies.: „Viatishaus". In: Stadtlexikon Nürnberg. Nürnberg 2000.

Diefenbacher, Michael; Beyerstedt, H.-D., Bauernfeind, M.: Kleine Nürnberger Stadtgeschichte. Nürnberg 2012, S. 51-72, 115-138.

Eismann, Reiner; Gürtler, Daniel: „Fürther Straße". In: „Geschichte Für Alle e.V." (Hrsg.): Historische Spaziergänge. Nürnberg 2017.

Elon, Amos: „Salman Schocken: eine jüdische Heldensaga". In: Le Monde diplomatique vom 14.01.2005.

Enderle, Karl-Heinz: „Bürger haben schon lange mit den Füßen abgestimmt". Altstadtfreunde Nürnberg, PDF; Pellerhaus. Abgerufen am 02.06.2021.

Ders.: „Das Hans-Sachs-Haus: Ein verschwundener Touristenmagnet mit vielen Rätseln". In: Nürnberger Altstadtberichte 44, 2019, S. 42-79.

Endres, Rudolf: Nürnberg im 18. Jahrhundert. Mitteilungen des Vereins für Geschichte der Stadt Nürnberg, Bd. 75. Nürnberg 1988, S. 133-153.

Energie- und Wasserversorgung Nürnberg (Hrsg.): Licht-Kraft-Wärme. Die Geschichte der Gasversorgung Nürnberg. Nürnberg 2000.

Evo: „Das Hans-Sachs-Theater. Vom Kinotraum zum Bierparadies". In: Nordbayern.de. URL: https://www.nordbayern.de/region/nuernberg/das-hans-sachs-theater... Abgerufen am 04.05.2022.

Fein, Egon: Nürnberg in den 50ern. Nürnberg

1995, S. 76-149.

Franzke, Jürgen: Schuco, Bing & Co. Nürnberg 1993.

Fritzsch, Robert: Nürnberg unterm Hakenkreuz. Düsseldorf 1983, S. 19-42, 83-107.

Frühbeis, Xaver: „Johann Philipp Palm, Verleger durch Napoleons Soldaten hingerichtet". In: Kalenderblatt, BR2, 26.08.2019.

Gaab, Hans: „Zum 300. Geburtstag von Georg Moritz Lowitz". In: Regiomontanusbote 35, Heft 1/2022. Nürnberg 2022.

Geni.com: „Julius Tietz". URL: https://www.geni.com/people/Julius-Tietz/6000000036642520922. Abgerufen am 15.11.2021.

Geschichte Für Alle e.V. - Institut für Regionalgeschichte (Hrsg.): Hinrichtungen und Leibstrafen. Das Tagebuch des Nürnberger Henkers Franz Schmidt. Schriften aus dem Henkerhaus 2. 2015, S. 21.

Glaser, Hermann (Hrsg.): Industriekultur in Nürnberg. Eine Stadt im Industriezeitalter. München 1980.

Grieb, Manfred (Hrsg.): Nürnberger Künstlerlexikon. München 2007.

Gulden, Sebastian: „Als im Archivpark noch ein Schlösschen stand". In: Nordbayern.de. URL: https://www.nordbayern.de/region/nuernberg/als-im-archivpark-noch … Abgerufen am 02.05.2022.

Ders.: „Der Großstadtverkehr verdrängte die Idylle". In: Nordbayern.de. URL: https://www.nordbayern.de/region/nuernberg/der-grossstadtverkehr. Abgerufen am 02.05.2022.

Ders.: „Nürnbergs schönster Liebesbeweis". In: Nürnberger Zeitung vom 03.01.2019.

Gulden, Sebastian; Schwach, Stefan: „Einkaufsader der Nürnberger Altstadt: Die Karolinenstraße". URL: https://www.nuernberg-und-so.de/blog/stadtbild-karolinenstr-2017-667. Abgerufen am 18.12.2021.

Dies.: „Nur zwei Musen und ein Putto sind geblieben. Das Anwesen Frauentorgraben 49 und seine bewegte Vergangenheit". URL: https://www.nordbayern.de/region/nuernberg/

nur-zwei-musen-und-ein-putto-sind-geblieben-1.6274422. Abgerufen am 09.05.2021.

Dies.: „Rückblick: Der ‚Schocken' weicht, der Name bleibt". In: Nürnberger Nachrichten vom 22.02.2021.

Dies.: „Stadtbekannt: Das Bowling-Center an der Bayreuther Straße". URL: https://www.nuernberg-und-so.de/blog/stadtbild-bayreutherstraße. Abgerufen am 26.02.2022.

Gürtler, Daniel; Windsheimer, Bernd: Volksbad Nürnberg. Nürnberg 2019.
Heilig-Achneck, Wolfgang: „An der Wiege des Sports in Nürnberg". In: Nürnberger Nachrichten vom 29.12.2021.

Heinzelmann, Herbert: „Konsum verdrängt die Zelluloid-Träume". In: Nordbayern.de. URL: https://www/nordbayern.de/region/nuernberg/konsum… Abgerufen am 04.05.2022.

Heller, Hartmut: Der Nürnberger Dutzendteich. Nürnberg 1983.
Höverkamp, Ingeborg: Von der Trümmerstadt zur Frankenmetropole. München 2011, S. 25-29, 36-51, 86-135.

Hutt, Felix: 7 Morde, 50 Jahre Haft, 1 Leben danach. 2017, S. 88-96.

Industrie- und Kulturverein Nürnberg: Historie/Ausführliche Chronik. URL: http://ikv-nuernberg.de. Abgerufen am 25.05.2021.

Käs, Rudolf; Dollhopf Gerd: Stadtwandel. München 1990.

Kaiser, Michael: „Soldaten unter Arbeitern. Gostenhofs militärische Vergangenheit". In: Geschichte Für Alle e.V. (Hrsg.): Gostenhof. Geschichte eines Stadtteils. Nürnberg 2005.

Kusch, Eugen: Nürnberg. Lebensbild einer Stadt. Nürnberg 1989.
Lauer, Isabel: „Erinnerungen an eine Nobeladresse". In: Nürnberger Zeitung vom 18.08.2010.

Dies.: „Nürnberg im Bombenhagel: ‚Es war grausig' ". In: Nürnberger Zeitung vom 31.12.2014.

Leßau, Hanne, (Hrsg.): Das Reichsparteitagsgelände im Krieg. Gefangenschaft, Massenmord und Zwangsarbeit. Petersberg 2021, S. 10-142.

Marr, Manfred: „Als Radrennen Volks- und Fußball nur Randsport war". In: Nordbayern.de. URL: https://www.nordbayern.de/region/schwabach/als-radrennen-volks-und-fussball-nur-randsportart-war-1.1511777. Abgerufen am 13.02.2022.

Ders.: „Geschichte der Rennbahn ‚Am Keller'". URL: http//radrennbahn-nuernberg.de/Geschichte/. Abgerufen am 05.02.2022.

Martha-Maria.de: „Geschichte und Logo des Diakoniewerks Martha-Maria e.V." URL: https://www.martha-maria.de/de/das-sind-wir/geschichte-und-logo. Abgerufen am 19.01.2022.

Martha-Maria Diakonie: Festschrift 125 Jahre Diakonie Martha Maria, auf Grundlage der Chronik von Paul Nollenberger. Nürnberg 2014.

Martha Maria Verein. Denkschrift zum 40-jährigen Bestehen des Vereins 1889 -1929. Düsseldorf 1929.

MM. Die Zeitung: „100 Jahre Menschlichkeit". Sonderausgabe 1. Juli 2003.

Metzger, Pascal: Dutzendteich. Nürnbergs Freizeitareal. Nürnberg 2018, S. 30-46.

Meyer, Friedrich: Nürnberg im Neunzehnten Jahrhundert mit stetem Rückblick auf seine Vorzeit. Nürnberg 1843.

Mühling, Peter: Der alte Nürnberger Tiergarten, 1. Auflage 1987, copyright Tiergarten Stadt Nürnberg.

Mulzer, Erich: „Die Moritzkapelle oder: Das Loch im Stadtbild". In: Nürnberger Altstadtberichte, Nr. 17. Nürnberg 1992, S. 37-84.
Ders.: Vor den Mauern Nürnbergs. Kunst und Geschichte der Vorstädte. Nürnberg 1961.

Museen der Stadt Nürnberg (Hrsg.): Faszination und Gewalt. Dokumentationszentrum Reichsparteitagsgelände. Nürnberg 2006, S. 42-78.

Neuhaus, Helmut (Hrsg.): Nürnberg. Eine europäische Stadt in Mittelalter und Neuzeit. Nürnberger Forschungen 29, Nürnberg 2000.
NN: „28. November 1963: Auf einen Wurf fallen alle Zehne". In: Nürnberger Nachrichten vom 28.11.2013.

NN: „Einer der reichsten Männer Nürnbergs".

URL: https://www.nordbayern.de/wirtschaft/einer-der-reichsten-manner-nuernberg. Abgerufen am 29.01.2022.

NN: Moritzkapelle - „Im Bratwurstduft versunken…". In: Nürnberger Nachrichten vom 13. 06.2009.

Otto, Arnold: „Wegmarke für das Finanzwesen. 400 Jahre Banco Publico". URL: https://ihk-nuernberg.de/IHK-Magazin-WiM/WiM-Archiv. Abgerufen am 29.01.2022.

Palm-Stiftung: „Johann Philipp Palm (1766-1806). Biographie". URL: https://www.palm-stiftung.de/de/johann-philipp-palm/biographie. Abgerufen am 10.01.2022.

Röckl, Gerd: „Der König steht im Gästebuch". In: Nürnberger Nachrichten vom 30.10.1971.
Rosenberg, Leibl: Im Schatten der Burg. Jüdisches Leben in Nürnberg. Nürnberg 2019.

Rusam, Hermann: Die Geschichte der jüdischen Gemeinde Nürnbergs ab 1850. Altnürnberger Landschaft e.V. Simmelsdorf 1998, S. 29-49.

Schatz, Walter: Nürnberg. Das offizielle Buch der Stadt Nürnberg. Nürnberg 1977.

Schmidt, Alexander: Kultur in Nürnberg 1918-1933. Die Weimarer Moderne in der Provinz. Nürnberg 2005, S. 101-191, 213-245.

Ders.: „Das Intime Theater – Niedergang eines Mythos der Jahrhundertwende". In: a.a.O., S. 125-131.

Ders.: „Der Schocken". URL: https://citykirche-magazin.de/der-schocken/. Abgerufen am 29.01.2022.

Schmidt, Alexander; Windsheimer, Bernd: Geschichte der Juden in Nürnberg. Nürnberg 2014.

Schnabel, Elke: Gotteslästerliche Gasbeleuchtung. URL: https://www.nordbayern.de/region/nuernberg/gotteslasterliche-gasbeleuchtung-1.771087. Abgerufen am 25.10.2021.

Schneider, Oscar: Nürnbergs große Zeit. Cadolzburg 2000, S. 28-110.

Schory, Noemi: „Schocken ein deutsches Leben". Dokumentarfilm (Salzgeber) 2020.

Schuler, Thomas: „Wie der Tod eines Buchhändlers deutsche Geschichte prägte". In: Süddeutsche Zeitung vom 11.01.2020.

Schuster, Petra: „Die Moritzkapelle in Nürnberg". URL: http://www.petraschuster.de/nuernberg/geschichte/moritzkapelle.shtml. Abgerufen am 27.01.2022.

Schultheiß, Werner: „Altnürnberger Rechtspflege und ihre Stätten". In: Mitteilungen des Vereins für Geschichte der Stadt Nürnberg (MVGN) 61, 1974, S. 108-203.

Ders.: Kleine Geschichte Nürnbergs. Nürnberg 1987.

Schwemmer, Wilhelm: Nürnberg. Historische Bilderfolge einer Stadt. Nürnberg 1955, S. 140-169, 196-257.

Stadtarchiv und Museen der Stadt Nürnberg: Wiederaufbau in Nürnberg. Ausstellungskatalog. Nürnberg 2009, S. 56-109.

Taschner, Michael: Kurze Chronik zur Moritzkapelle.

Tiergartenzeitung Nürnberg, März 2012, Ausgabe 4. URL: https://tiergarten.nuernberg.de/fileadmin/dokumente/Tiergartenzeitung/TGZ4.pdf. Abgerufen am 17.05.2021.

Tschoeke, Jutta: „Nürnberger Spazierplätze. Zur Geschichte des öffentlichen Grüns". In: Lust und Lieb hat mich bewegt. Nürnberger Gartenkultur. Ausstellungskatalog Stadtmuseum Fembohaus 05.09. - 23.11.2008.

TSV 1846: Vereinschronik des TSV 1846 zum 175. Jubiläum des TSV 1846.

Verkehrsaktiengesellschaft Nürnberg (Hrsg.): 125 Jahre Nahverkehr in Nürnberg. Nürnberg 2006.

Verlag Nürnberger Presse (VNP): Archiv. VNP, Nürnberger Nachrichten: „Feuerwache/Gleisbau". Artikel vom 10.03.2009, 15.09.2010, 24.05.2019, 18.12.2020.

VNP, Nürnberger Nachrichten: „Fußgängerzone". Artikel vom 24.03.2012, 29.05.2012, 12.09.2012, 12.06.2019.

VNP, Nürnberger Nachrichten, Nürnberger Stadtanzeiger: „Gaststätte Seerose"/Südostring". Artikel vom 17.07.1980, 03.11.1988, 22.12.1988, 21.09.1989, 13.01.1993, 06.10.2001.

VNP, Nürnberger Nachrichten, Nürnberger Stadtanzeiger: „Hans-Sachs-Haus". Artikel vom 24.10.2020, 03.11.2020.

VNP, Nürnberger Nachrichten: „Hauptpost". Artikel vom 18.01.2013, 06.01.2015, 11.03.2015, 19.07.2018, 05.03.2021.

VNP, Nürnberger Nachrichten, Nürnberger Stadtanzeiger: „Hauptsynagoge". Artikel vom 17.07.2002, 09.08.2008, 10.08.2013.

VNP, Nürnberger Nachrichten, Nürnberger Stadtanzeiger: „Insel Schütt". Artikel vom 29.10.1957, 12.05.1958, 23.06.1988, 14.07.1988, 03.10.1989, 04.01.1992, 12.01.1993.

VNP, Nürnberger Nachrichten, Nürnberger Stadtanzeiger: „Kulturverein/AOK". Artikel vom 14.04.1994, 05.11.1994, 27.06.2009, 03.06.2017, 28.03.2018, 11.11.2020.

VNP, Nürnberger Nachrichten: „Laufertor-Garage". Artikel vom 12.07.2021.

VNP, Nürnberger Stadtanzeiger: „Leuchtturm". Artikel vom 11.05.2019, 13.05.2019.

VNP, Nürnberger Nachrichten: „Museum Kühnertsgasse". Artikel von 25.03.2010, 04.05.2010, 28.01.2011, 22.09.2011.

VNP, Nürnberger Nachrichten: „Nürnberger Galgen". Artikel vom 30./31. 03. 1963, 12.09.2013.

VNP, Nürnberger Zeitung, Nürnberger Nachrichten: „Pellerhaus". Artikel vom 28.07.2006, 03.10.2018, 17.01.2019, 08.03.2019, 17.07.2020.

VNP, Nürnberger Nachrichten, Nürnberger Zeitung: „Plärrer-Automat". Artikel vom 07.01.2008, 17.01.2015, 28.10.2019, 14.05.2020, 11.09.2020, 26.09.2020.

VNP, Nürnberger Nachrichten: „Sebald Kontore". Artikel vom 06.04.1977, 18.09.2009, 15.11.2013.

VNP, Nürnberger Zeitung: „Wiederaufbau in Nürnberg". Ausstellungskatalog des Stadtarchivs und der Museen der Stadt Nürnberg. Nürnberg 2009, S. 56-109.

VNP, Nürnberger Nachrichten, Nürnberger Zeitung: „Zeltner-Brauerei, Norikus". Artikel von 28.03.2007, 07.06.2018, 30.05.2019,

12.09.2019.

Voigt, Alexandra: „Bitteres Elend und trotzdem ein Stückchen Heimat. Valka-Lager". URL: https://www.nordbayern.de/region/nuernberg/bitteres-elend-und-trotzdem-ein-stuckchen-heimat-1.686533. Abgerufen am 29.04.2021.

Voigt, Hartmut: „Altstadtfreunde sind genervt. Dicke Luft im Pellerhof". URL: https://www.nordbayern.de/region/nuernberg/altstadtfreunde-sind-genervt-dicke-luft-im-pellerhof-1.10267155. Abgerufen am 25.05.2021.

Ders.: „Neubau mit 134 Wohnungen. Baustelle im Brunswick-Bowling-Center…". In: Nürnberger Nachrichten vom 24.08.2021.

Werk, Uwe: „Überm Draht… Zwischen Rosenau und Kleinweidenmühle". In: Gostenhof, Muggenhof, Eberhardshof & Kleinweidenmühle. Hrsg.: Geschichte Für Alle, Nürnberg 2005.

Wikipedia: „Bartholomäus Viatis". URL: https://de.wikipedia.org/wiki/bartholomäus_viatis. Abgerufen am 29.01.2022.

Ebd.: „Emil Meßthaler". URL: https://de.wikipedia.org/wiki/Emil_Meßthaler. Abgerufen am 23.04.2022.
Ebd.: „Erich Mendelsohn". URL: https://de.wikipedia.org/wiki/Erich_Mendelsohn. Abgerufen am 29.01.2022.

Ebd.: „Georg Moritz Lowitz". URL: https://de.wikipedia.org/wiki/Georg_Moritz_Lowitz. Abgerufen am 04.04.2022.

Ebd.: „Georg Zacharias Platner". URL: https://de.wikipedia.org/wiki/Georg_Zacharias-Platner Abgerufen am 03.05.2022.

Ebd.: „Intimes Theater". URL: https://de.wikipedia.org/wiki/Intimes_Theater. Abgerufen am 23.04.2022.

Ebd.: „Johann Philipp Palm". URL: https://de.wikipedia.org/wiki/Johann_Philipp_Palm. Abgerufen am 10.01.2021.

Ebd.: „Kaufhaus Schocken". URL: https://de.wikipedia.org/wiki/Kaufhaus_Schocken. Abgerufen am 29.01.2022.

Wikipedia: „Königlich Bayerisches 1. Chevaulegers-Regiment ‚Kaiser Nikolaus von Russland'". URL: https://wikipedia/org/wiki/Königlich_Baerischers_1.C. Abgerufen am 13.02.2022.

Ebd.: „Linde-Stadion". URL: https://de.wikipedia.org/wiki/Linde-Stadion. Abgerufen am 27.01.2022.

Ebd.: „Nürnberger Börse". URL: https://de.wikipedia.org/wiki/Nürnberger_Börse/Börse. Abgerufen am 29.01.2022.

Ebd.: „Plärrerhochhaus". URL: https://de.wikipedia.org/wiki/Pl%C3%A4rrerhochhaus. Abgerufen am 15.11.2021.

Ebd.: „Pressefreiheit". URL: https://de.m.wikipedia.org>wiki>Pressefreiheit. Abgerufen am 11.02.2022.

Ebd.: „Salman Schocken". URL: https://de.wkipedia.org/wiki/Salman_Schocken. Abgerufen am 29.01.2022.

Ebd.: „Toplerhaus". URL: https://de.m.wikipedia.org/wiki/Toplerhaus. Abgerufen am 04.02.2022.

Ebd.: „Warenhaus". URL: https://de.wikipedia.org/wiki/Verordnung_%C3%BCber_den_Einsatz_des_j%C3%BCdischen_Verm%C3%B6gens. Abgerufen am 18.11.2021.

Windsheimer, Bernd (Hrsg.): Gibitzenhof. Nürnberger Stadtteilbücher Band 10, Geschichte Für Alle e.V., Institut für Regionalgeschichte. Nürnberg 2010, S. 8-34.

Windsheimer, Bernd; Fleischmann, Martina: Nürnberg-Langwasser. Geschichte eines Stadtteils. Nürnberg 1995, S. 133-199, 225-247.

Windsheimer, Bernd; Mittenhuber, Martina; Schmidt, Alexander : Arbeiterwohnungen, Villen und Herrensitze. Geschichte Für Alle (Hrsg.): Nürnberg 2012, S. 118-124.

Wolff, Jürgen: Vom Kinematographen zum Cinecitta. Nürnberg 1995.

Wood, Gabriele: Die Insel Schütt. Nürnbergs kleiner Stadtpark. Nürnberg 2000.

W.S.: „Der König und sein Gold-Pokal". In: Nürnberger Nachrichten vom 05.12.2015.

Bildnachweis

Cover: Stadtarchiv Nürnberg Sc_0016S

S. 5 Verlag Nürnberger Presse

S. 7 oben Lea Krätzler
S. 7 unten: Verlag Nürnberger Presse /Michael Matejka

S. 8 Stadtarchiv Nürnberg/A34-Pk-2806
S. 9 Verlag Nürnberger Presse / Stefan Hippel
S. 10 Tiergartenarchiv Nürnberg
S. 11 Jörg Beckmann/Tiergarten Nürnberg

S. 14 Radsportarchiv Marr
S. 16 Radsportarchiv Marr

S. 20 Stadtarchiv Nürnberg, A60 Nr.241
S. 21 Verlag Nürnberger Presse / Günter Distler
S. 22 Verlag Nürnberger Presse / Gertrud Geradi
S. 23 Stadt Nürnberg
S. 24 Verlag Nürnberger Presse / Gertrud Gerardi

S. 26 Fotokarte, Sammlung Sebastian Gulden
S. 29 Sebastian Gulden

S. 32 Altstadtfreunde Nürnberg
S. 33 Verlag Nürnberger Presse / Michael Matejka
S. 34 Altstadtfreunde Nürnberg
S. 35 Verlang Nürnberger Presse / Michael Matjeka
S. 36 Altstadtfreunde Nürnberg

S. 38 Altstadtfreunde Nürnberg

S. 42 Stadtarchiv Nürnberg
S. 43 Verlag Nürnberger Presse / Stefan Hippel
S. 45 Verlag Nürnberger Presse / Eckhard von Mandelsloh
S. 46 Verlag Nürnberger Presse /Stefan Hippel

S. 48 Stadt Nürnberg

S. 52 Museumsstiftung Post und Telekommunikation
S. 53 Stadt Nürnberg / Axel Eisele

S. 56 Verlag Nürnberger Presse
S. 59 Verlag Nürnberger Presse

S. 60 Stadtarchiv Erlangen / Sammlung Eduard Rühl
S. 61 privat
S. 62 Stadtarchiv Erlangen / Sammlung Eduard Rühl
S. 63 privat
S. 64 Verlag Nürnberger Presse / Gertrud Geradi

S. 66 Stadtarchiv Nürnberg

S. 70 Stadtarchiv Nürnberg/Sign.: F 1 Nr. 42 fol. 121
S. 71 Verlag Nürnberger Presse Günter Distler

S. 74 Altstadtfreunde

S. 80 Stadt Nürnberg
S. 81 Verlag Nürnberger Presse / Roland Fengler

S. 84 Sammlung Michael Kaiser
S. 86 Sammlung Michael Kaiser

S. 90 Stadtarchiv Nürnberg/Sign. A 38 Nr. F-90-2
S. 91 Verlag Nürnberger Presse / Stefan Hippel

S. 92 Postkarte, Sammlung Sebastian Gulden
S. 93 Verlag Nürnberger Presse / Roland Fengler
S. 94 privat

S. 96 Archiv Diakoniewerk Martha-Maria
S.100 Archiv Diakoniewerk Martha-Maria

S. 102 Bestand Uwe von Poblocki
S. 103 Verlag Nürnberger Presse / Roland Fengler

S. 106 Stadtarchiv Nürnberg
S. 107 CC BY-SA 2.0 DE: Dalibri
S. 109 Spielzeugmuseum Nürnberg

S. 112 Archiv Zeltner-Brauerei
S. 113 Oliver Acker www.digitale-luftbilder.de

S. 116 Archiv TSV 1846

S. 122 Verlag Nürnberger Presse / Erich Guttenberger
S.123 Verlag Nürnberger Presse/Michael Matejka

S. 126 Verlag Nürnberger Presse / Ulrich
S. 129 Archiv Verlag Nürnberger Presse
S. 130 Archiv Verlag Nürnberger Presse

S. 132 Altstadtfreunde Nürnberg
S. 133 Verlag Nürnberger Presse / Roland Fengler
S. 134 Altstadtfreunde Nürnberg
S. 135 privat
S. 136 Verlag Nürnberger Presse/Roland Fengler

S. 144 Israelitische Kultusgemeinde Nürnberg
S. 145 Verlag Nürnberger Presse / Stefan Hippel

S. 148 Postkarte/ privat

S. 152 Sammlung Jochen Pipke
S. 153 Verlag Nürnberger Presse / Stefan Hippel

S. 156 Universität Marburg

S. 162 Stadtarchiv Nürnberg , A34 Nr.539
S. 163 Verlag Nürnberger Presse / Stefan Hippel

S. 166 Verlag Nürnberger Presse
S. 167 Verlag Nürnberger Presse

S. 172 Stadtarchiv Nürnberg Sc_0016S
S. 173 Verlag Nürnberger Presse / Eduard Weigert

S. 176 Stadtarchiv Nürnberg
S. 177 Verlag Nürnberger Presse / Eduard Weigert

S. 180 Archiv Verlag Nürnberger Presse

Haftungsausschluss